Menteurs, pervers,
suicidaires, harceleurs...
# Comment neutraliser les profils complexes

Éditions Eyrolles
61, bd Saint-Germain
75005 Paris

www.editions-eyrolles.com

Chez le même éditeur :

Marwan Mery, *Manuel de négociation complexe* et *Vous mentez !*

Pour contacter les auteurs :
www.adngroup.com
contact@adngroup.com

Illustrations : Pierre-Yann LALLAIZON



© Editions Eyrolles, 2024
© Groupe Eyrolles, 2015
ISBN : 978-2-212-56334-4

Marwan Mery    Laurent Combalbert

# Menteurs, pervers, suicidaires, harceleurs...
# Comment neutraliser les profils complexes

● Éditions
**EYROLLES**

# Sommaire

## 7 profils critiques

# Introduction

> *« Dans chaque être humain vit une colonie entière »*
>
> Picasso

Avant toute chose, nous ne sommes pas des « psys ». Nous sommes négociateurs professionnels. Notre métier est d'intervenir pour le compte de sociétés ou d'organisations gouvernementales, en France ou à l'étranger, dans des situations qui requièrent notre expérience et expertise : kidnappings et rançons, relations diplomatiques, conflits sociaux, extorsions, négociations commerciales à forts enjeux, médiations, auditions, relations patients, gestions de crise, fusions et acquisitions… Ainsi, nous pouvons aussi bien accompagner des médecins face à des patients difficiles que des auditeurs dans le cadre d'une fraude financière ou tout simplement d'un conflit interpersonnel opposant des profils réfractaires au changement.

Nous venons d'univers riches et exigeants, qui ont non seulement façonné notre perception du monde, mais qui nous ont également procuré des grilles de lecture et outils pour faire face à l'adversité. Nos parcours complémentaires – l'un, ancien négociateur du RAID, formé au FBI et expert des situations complexes ; l'autre, négociateur privé, anciennement membre de comités de direction, expert en détection du mensonge et de la triche en casinos – nous ont permis de réaliser que le dénominateur commun qui régit un très grand nombre de situations conflictuelles et complexes est le facteur humain.

L'Homme est par définition unique et singulier. Difficile de le mettre dans des cases. Et même quand on y arrive, il finit par en sortir. Car nous sommes tous foncièrement différents. Notre vision du monde est avant tout liée à notre éducation, notre environnement socioculturel, notre expérience et autres facteurs. Par principe, nous réagissons tous différemment en fonction des situations que nous rencontrons.

On souhaiterait que certaines situations soient plus simples, mais malheureusement elles ne le sont pas. Il faut alors s'adapter en conséquence. C'est-à-dire s'adapter à l'autre, pour faire avancer les choses, voire atteindre son objectif. Il y aura toujours quelqu'un pour vous barrer la route, semer le trouble dans votre esprit, comploter à votre sujet, vous trahir par moments ou simplement vous entraîner dans sa chute. C'est à ce moment-là qu'il faudra être fort pour ne pas basculer et garder toute sa lucidité.

Cet ouvrage est avant tout tiré de notre expérience. Il ne se veut en aucun cas philosophique ou moralisateur. Nous l'avons écrit à l'image de ce que nous tentons d'être au quotidien : simples et pragmatiques. Que faire dans telle situation ? Comment raisonner un paranoïaque ? Que dire à un suicidaire du haut d'un immeuble ? Comment faire avec un patron trop narcissique ? Comment contrer la mauvaise foi ? Ces réponses, nous les avons trouvées dans nos échecs et dans nos succès. Nous partagerons ainsi avec vous, et en toute humilité, ce qu'il est préférable de faire et ce que nous vous déconseillons de tenter. Excellente lecture.

**Marwan Méry et Laurent Combalbert,**
**fondateurs d'ADN Group**

# 1

# L'APPROCHE GLOBALE

Pourquoi utiliser le terme « profil » quand tous les ouvrages de psychologie parlent de « personnalité » ? La personnalité d'un individu se définit par un ensemble de comportements, attitudes et caractéristiques émotionnelles le rendant singulier. Si cette définition a le mérite d'être parfaitement appropriée pour définir la notion de personnalité, elle souffre cependant de l'approximation analytique humaine. Dans de nombreux cas, certaines composantes de la personnalité d'un individu nous échappent entièrement, faute de temps ou tout simplement faute de données fiables. Dans un souci d'éviter les amalgames ou raccourcis trop hâtifs, le terme « profil » a été privilégié. Par « profil », nous entendons toutes les données directement accessibles, par l'œil et l'oreille, lors d'un premier contact ou dans un temps donné plus long. Malheureusement, très souvent, nous n'aurons jamais accès à la personnalité complète de l'individu. Nous nous contenterons alors du profil observable afin d'identifier les traits saillants pour ensuite apporter une réponse adaptée.

L'expression « profil complexe » désigne un individu qui, de manière consciente ou inconsciente, volontaire ou involontaire, adopte des attitudes, comportements ou stratégies relationnelles qui s'opposent, momentanément ou durablement, à la création d'une relation stable.

Au regard de cette définition, trois catégories, reposant sur le degré de gravité, ont émergé : les profils opposants, les profils difficiles et les profils critiques.

La classification Combalbert-Méry

S'il n'existe aucune réponse universelle pour faire face à tel ou tel profil, des précautions s'imposent non seulement pour se mettre dans les meilleures dispositions, mais également pour espérer neutraliser des comportements inadaptés.

Ces grandes règles de gestion sont non invasives et s'appliquent à tous les profils complexes. Elles permettent simplement de fixer un cadre et de se poser les bonnes questions dès lors que nous sommes confrontés à des situations qui ont tendance à nous échapper. Car la gestion d'un profil complexe requiert deux compétences inamovibles : la capacité à travailler sur soi et la capacité à travailler sur l'autre. Si l'une flanche, l'autre suivra.

La capacité à travailler sur l'autre est largement décrite et commentée dans les chapitres dédiés aux profils opposants, difficiles et complexes.

La capacité à travailler sur soi repose sur cinq grandes étapes, définies par les verbes d'action suivants : identifier, s'intéresser, comprendre, accepter et agir.

## Identifier

La phase d'identification relève de votre capacité à identifier les traits saillants d'un individu. Il est toujours très difficile d'analyser un profil à l'aune d'un ou deux indices comportementaux. À titre d'exemple, un histrionique et un narcissique peuvent présenter des caractéristiques communes, liées au besoin d'attention, voire à l'apparence soignée ou provocatrice. Si votre analyse s'arrête à ce critère, votre réponse adaptative risque d'être inefficace. Ainsi, il est nécessaire de collecter un maximum d'éléments afin d'affiner votre analyse. À noter que ces éléments peuvent émaner de votre capacité d'observation, mais également des informations que vous aurez pu glaner auprès de différentes sources : réseaux sociaux, connaissances communes, antécédents connus… Ce qui est important, c'est de vérifier l'information pour que ces faisceaux d'indices deviennent concordants.

Si l'identification éclairée permet de mettre en lumière des profils complexes, elle permet également d'isoler des profils spécieux, dits « théâtraux ». Les profils théâtraux agissent volontairement pour brouiller les cartes et votre lucidité. Ils jouent un rôle clairement défini dans une situation présente. Le rôle n'est pas le reflet de leur véritable personnalité. En empruntant des traits d'une personnalité difficile, l'individu peut se jouer de ses interlocuteurs pour aboutir à ses propres fins.

## S'intéresser

Gérer des profils complexes requiert une petite part d'abnégation et une grosse part d'écoute. Les profils complexes souffrent pour certains, jouissent du mal qu'ils engendrent pour d'autres ou encore réagissent comme ils le peuvent dans la limite de leurs capacités. L'objectif n'est pas de leur trouver des excuses. Simplement, dans bien des cas, nous n'avons d'autre choix que de gérer un patron agressif, une belle-mère dépressive, un collaborateur anxieux, un suspect pervers et bien d'autres.

Quand on comprend véritablement que la situation nous est imposée, alors on perçoit les choses toujours différemment. Oui, on voudrait faire autrement, avoir un autre patron ou une autre belle-mère, mais, malheureusement, ce n'est pas possible, du moins à court terme. C'est précisément le fait d'accepter notre impuissance face aux acteurs en présence, c'est-à-dire l'impossibilité de pouvoir les faire disparaître, qui permet de prendre conscience pleinement de la situation et de changer de paradigme. Si nous n'avons pas de prise sur ces éléments, alors nous

nous concentrons sur ceux sur lesquels nous avons une prise ferme. Et cela commence par l'intérêt porté.

De nombreux profils complexes n'ont pas choisi leur condition. Leur histoire personnelle les a façonnés de qualités et défauts. La partie apparente est souvent peu flatteuse, voire rebutante, mais en s'intéressant à eux, vous découvrirez peut-être des fragments de lumière qui ne demandent qu'à remonter à la surface. Et parfois, vous ne découvrirez rien. Mais au moins, vous aurez fait le chemin. Car si vous ne l'empruntez pas, vous ne laisserez jamais la place à la compréhension de l'autre pour espérer un changement possible. Dites-vous que le rejet ne fait que renforcer des comportements rigides et inadaptés. Alors que l'intérêt peut induire le changement.

## Comprendre

C'est le fait d'être résolument tournés vers l'autre qui nous incite à mieux le comprendre. Il ne s'agit pas de mener une psychanalyse. Mais simplement d'extraire les éléments explicatifs d'un tel comportement. Dites-vous une chose, et c'est un principe de négociation que nous appliquons au quotidien, notamment quand nous sommes confrontés à des individus désespérés ou souffrant de débordement émotionnel : plus votre interlocuteur aura le sentiment d'être écouté, voire compris, plus il sera enclin à s'ouvrir et à se révéler. Lors d'une prise d'otages, quand la négociation est possible, c'est un prérequis avant d'espérer une reddition future.

Attention cependant. Comprendre ne signifie pas cautionner. Si la frontière peut paraître poreuse pour certains, elle doit être non franchissable. Il peut être possible de comprendre certains excès de colère chez un *borderline*, du fait de ses pulsions incontrôlées. Mais cautionner son comportement parce que c'est un *borderline*, c'est autre chose. Le fait de souffrir d'un trouble de la personnalité n'autorise pas à se comporter de façon incontrôlée. C'est la frontière entre émotion et comportement qui permet de séparer la compréhension de l'acceptation.

Lors d'une négociation particulièrement conflictuelle, mon interlocuteur, souffrant régulièrement d'excès de colère, se lève, saisit ma sacoche dans laquelle se trouvait mon PC, ouvre la fenêtre et la jette par la fenêtre. Je le fixe pendant cinq secondes sans rien dire, me lève à mon tour avant de lui glisser calmement en le fixant dans les yeux : « Je peux comprendre que la situation actuelle vous agace profondément pour des raisons qui vous sont propres. Maintenant, en aucun cas, cela vous autorise à balancer ma sacoche par la fenêtre. Nous allons nous arrêter là pour aujourd'hui, car les conditions de travail ne sont plus réunies. Je vous laisse le soin de récupérer ma sacoche et vous assurer que mon portable fonctionne toujours, pour le bien de tous. » Je suis parti en saluant très brièvement. Je venais de fixer le cadre entre émotion et comportement. Il m'a rattrapé dans la foulée en s'excusant.

## Accepter

C'est la phase la plus difficile. Après des mois passés à ses côtés, vous venez de réaliser que votre collaborateur est paranoïaque. Pourtant, vous avez tenté à maintes reprises de lui montrer que son sentiment de méfiance exacerbée n'était pas justifié. Vous avez également appris auprès de vos connaissances et anciens employeurs que son comportement rigide s'est renforcé au cours des années. Il abonde sa propre logique de conclusions rationalisées au fil des expériences vécues. Sa logique est implacable, du moins pour lui. En tant que patron, vous souhaiteriez que les choses soient plus simples, voire différentes. Or vous n'avez pas le choix, dans l'instant présent.

L'acceptation d'un profil complexe signifie renoncer à vouloir qu'il soit quelqu'un d'autre. Le ressassement négatif vous empêche de considérer les choses différemment et nuit à la dynamique positive qu'il est nécessaire d'enclencher. C'est le fameux lâcher-prise, dont les coaches d'entreprise sont particulièrement friands. Un seul conseil : lâcher prise, c'est accepter les choses que vous ne pourrez pas contrôler, et accepter les choses que vous pouvez contrôler. À défaut de pouvoir changer votre interlocuteur, dans quelle mesure puis-je agir pour que son comportement soit moins une nuisance pour moi, les autres et lui-même ?

# Agir

Une fois l'acceptation derrière soi, il est nécessaire d'agir. Ce seront alors vos compétences qui pourront faire toute la différence face à un profil complexe.

Par *agir*, il faut comprendre ce que le contexte impose et les recours possibles pour faire en sorte qu'une situation dégradée devienne acceptable, dans un premier temps pour vous, et dans un second temps pour votre interlocuteur.

Dans les meilleurs cas, vous pourrez espérer *induire le changement* chez un profil complexe, c'est-à-dire lui faire prendre conscience, via différentes techniques d'influence, que son comportement est inadapté dans la situation présente. Cela peut être un collaborateur, reconnu pour sa mauvaise foi légendaire, qui décide de lui-même de poser les armes au profit de l'esprit d'équipe. C'est également le suicidaire qui se ravise et s'éloigne du bord. Ou encore un schizoïde qui abandonne sa bulle psychologique pour échanger sur un sujet où son expertise est tant attendue.

Dans d'autres cas, vous pourrez espérer *stabiliser* des profils complexes. Quand le changement n'est pas envisageable, compte tenu de la gravité des troubles psychologiques ou pour une tout autre raison, la stabilisation reste la meilleure option. Par stabiliser, on entend réduire ou étouffer partiellement des comportements inadaptés sur une durée propice à l'atteinte de l'objectif fixé. Ainsi, cela peut être de faire en sorte qu'une personnalité dépendante et anxieuse n'accepte aucune prise de contact pendant sept jours, le temps que vous profitiez d'une semaine de vacances bien méritée. Ou encore de faire taire un histrionique le temps d'une dernière négociation, afin d'éviter des prises de parole préjudiciables.

Enfin, vous n'aurez d'autre choix que de *neutraliser* certains comportements que vous jugerez inacceptables pour simplement vous protéger. Ce dernier recours est malheureusement nécessaire en situation critique ou dans des situations où vos deux premières options n'ont pas abouti (*induire le changement* et *stabiliser*). Cela peut être la gestion d'un profil violent sous l'emprise de l'alcool. Ou encore un paranoïaque, persuadé que vous lui voulez du mal, prêt à divulguer des informations erronées sur votre compte dans la presse.

Comme aucune situation n'est semblable, ce sera à vous de juger, en fonction de votre perception, de votre assurance et des outils à votre disposition, quelle réponse apporter pour assainir la relation.

# LE COMPORTEMENT REQUIS

L'attitude que vous adopterez face à des profils complexes contribuera à vous mettre soit dans les meilleures prédispositions, soit dans les plus funestes. Au risque de choquer, tout le monde n'est pas capable de gérer ces profils. Car les ingrédients nécessaires relèvent avant tout du travail que vous êtes prêt à accomplir sur vous-même. Sans tenter d'enfoncer des portes ouvertes, il est évident que des personnes profondément empathiques auront toujours une tendance plus élevée à induire le changement auprès d'individus souffrant de troubles psychologiques que des personnes résolument égocentriques.

Voici quelques bons conseils comportementaux à adopter sans modération.

## L'engagement

Pour être convaincant, il faut être convaincu. Si vous y allez à reculons, autant reculer tout de suite. Tout le monde gagnera du temps. L'engagement est l'énergie que vous consacrez à faire bouger les lignes. Et votre engagement, que vous le vouliez ou non, votre interlocuteur le percevra. C'est cette force qui pourra faire vaciller une position inébranlable. Dites-vous une chose : si quelqu'un est habité d'un doute, et que seul ce doute peut le faire changer d'avis, c'est votre force d'engagement qui transformera ce doute en certitude.

Par moments, il faut accepter de rendre les armes. La motivation n'y est plus, l'usure a eu raison de vous, et pourtant vous devez entrer de nouveau en relation avec un « ventre mou ». Vous savez pertinemment que ce rendez-vous ne donnera rien, une fois de plus. Si vous pouvez éviter la confrontation, alors passez votre chemin. Certains profils exigent de votre part, et souvent malgré eux, une énergie et une patience débordantes. Pour éviter un échec certain, repoussez la prise de contact. L'engagement va et vient comme le ressac. Saisissez-le quand il est au plus haut.

## La relation de confiance

La première chose que nous cherchons à établir, lors du premier contact face à un profil réfractaire, est la relation de confiance. Que ce soit lors d'une prise d'otages, une relation patient ou un conflit social, l'un des premiers objectifs tactiques est la relation de confiance. Sans cela, nous ne pouvons espérer une reddition, diminuer la non-observance ou signer un accord de compétitivité. C'est le terreau fertile nécessaire à l'induction du changement.

De nombreux profils complexes souffrent de solitude et d'incompréhension. Qu'ils considèrent leur vision du monde juste par phénomène de dissonance cognitive, ou qu'ils estiment que personne au final ne peut véritablement les comprendre, ils ont une tendance naturelle à s'insulariser. Ajoutez à cela une inclination certaine de leurs proches ou connaissances à les éviter tant bien que mal, ils se retrouvent souvent livrés à eux-mêmes. Par conséquent, la notion de confiance est ternie d'un côté ou de l'autre.

Si vous êtes capable de créer ce climat de confiance, vous provoquerez certainement deux événements. Premièrement, vous éveillerez la curiosité et l'intérêt chez votre interlocuteur. Deuxièmement, vous jouirez d'une comparaison flatteuse face aux personnes ayant essayé d'approcher des profils complexes sans relation de confiance.

## L'implication juste

Maintenir un lien *éclairé* avec un profil complexe est une chose particulièrement délicate. Tous les rapports humains sont régis par la perception que l'on peut avoir de l'autre et la perception que l'autre peut avoir de nous. Ce qui peut entraîner de l'intérêt, de l'aversion, de l'amour, de l'amitié, du rejet… autant de sentiments différents abrupts à la croisée de deux perceptions qui se rencontrent.

Quand on est amené à gérer un profil complexe, il est toujours difficile de conserver une lucidité certaine et une implication juste. Dans bien des cas, nous cédons à la fuite ou à l'énervement. Ce qui, au-delà du fait de ne pas résoudre la situation, altère notre clairvoyance. L'investissement pour gérer un profil complexe doit être proprement dosé, pour éviter de basculer. Nous avons choisi de vous livrer le tableau que nous présentons très régulièrement en formation pour illustrer la notion d'implication juste.

Si votre investissement personnel est très faible pour gérer une situation donnée, votre action sera jugée désinvolte par votre interlocuteur. Au final, « ça ne l'intéresse pas » ou « il a mieux à faire ». Comme vous n'êtes pas réellement impliqué dans la situation, le regard que vous portez sur la situation est biaisé, ce qui impacte votre lucidité et conduit à un détachement *improductif*.

*A contrario*, si votre investissement personnel est trop important, vous risquez de basculer dans le phénomène inverse : « la tête dans le guidon ». Vous misez tout sur la situation présente et envisagez le pire si vous ne parvenez pas à atteindre votre objectif. Votre lucidité s'en trouve réduite car votre obsession, liée à la surchauffe de votre investissement, ne vous permet plus d'apprécier les choses à leur juste valeur. C'est l'*implication improductive*.

Le graal est de faire preuve d'un *distancement construit*. Ce qui signifie être suffisamment engagé pour ne pas être et paraître désinvolte sans pour autant trop s'investir au risque d'impacter négativement sa lucidité et productivité. C'est l'implication nécessaire. Elle est dosée convenablement pour être efficace dans la situation présente. Prenez l'exemple d'un suicidaire. Si vous lui venez en aide avec un détachement à toute épreuve et que cette personne attend simplement de l'aide de votre part, il est fort peu probable que vous arriviez à induire le changement chez lui. À l'inverse, si votre implication émotionnelle est trop forte – vous paniquez à l'idée de le voir sauter, en envisageant les conséquences pour sa famille proche et ses amis –, vous ne lui parlerez certainement pas de la bonne manière. Maintenant, si vous faites preuve d'implication, en étant investi de la mission qui vous est confiée, sans pour autant trop vous impliquer personnellement, vous aurez certainement les mots justes.

L'*implication juste* est avant tout une variable très personnelle. Où positionner le curseur ? Le simple fait de s'interroger permet très souvent de savoir où l'on se trouve. Et le regard critique d'une personne extérieure à la situation permet également de se rassurer et d'empêcher un basculement préjudiciable.

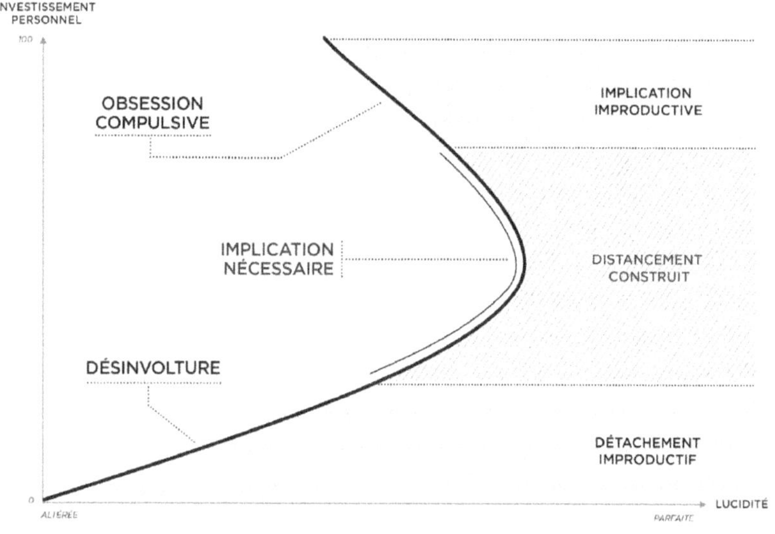


Conséquences de l'investissement personnel sur le résultat et la lucidité

## L'écoute

90 % des gens n'écoutent pas. C'est le résultat du bilan que nous avons dressé à la suite de l'accompagnement et de la formation de milliers de personnes sur la négociation complexe, l'audition, la gestion de crise, la relation patient, l'agilité collective et d'autres formes d'interactions personnelles. Par nature, nous sommes

tellement focalisés sur nos propres objectifs que nous oublions d'écouter l'autre. Ce n'est pas un reproche. C'est un constat. Et il est partagé par les personnes formées.

Pratiquée à bon escient, l'écoute contribue à obtenir plusieurs résultats notables auprès de son interlocuteur, que ce soit un profil complexe ou un profil dit « normal » :

- il a le sentiment d'être écouté et considéré ;
- il est plus enclin à partager ses motivations réelles ;
- il se sent accompagné dans la résolution du problème ;
- il considère les éléments du problème différemment.

Les travaux de Carl Rogers, psychologue clinicien américain, ont fortement contribué à structurer les outils communicationnels liés à l'écoute. Dans son quotidien, il était confronté à des patients réfractaires, agressifs ou mutiques. Il s'est rendu compte que la confrontation frontale opposait les résistances. Par conséquent, il a développé de nombreux outils pour contourner ces défenses naturelles. Cette approche est connue sous le nom d'« écoute active ». Et ces outils sont parfaitement transposables dans n'importe quel univers relationnel. En voici quelques-uns.

## Paraphraser

La paraphrase consiste à volontairement répéter une phrase ou des bribes de phrases, que vous jugez importants, en utilisant les termes de votre interlocuteur. Cela permet de montrer l'intérêt porté aux propos de l'interlocuteur, mais également de s'assurer de la bonne compréhension du sujet exposé.

> Interlocuteur : « De toute façon, je suis persuadé que vous complotez derrière mon dos ! »
>
> Vous : « Vous êtes persuadé que je complote derrière votre dos, c'est bien ça ? »

La paraphrase est particulièrement utile pour sensibiliser un interlocuteur difficile sur l'incohérence de ses propos ou pour l'impliquer personnellement lors de demandes irrationnelles.

## Reformuler

Si la frontière peut sembler mince entre la reformulation et la paraphrase, elle est pourtant réelle, car cette première n'emprunte pas les mots utilisés par l'interlocuteur. Vous choisissez alors de reformuler le contenu de la phrase en usant de vos propres termes.

> Interlocuteur : « J'ai l'intime conviction que vous me mentez ! »
> Vous : « Vous ne me croyez pas ? »

La reformulation apporte de la souplesse dans le dialogue et une implication qui sera jugée plus personnelle par votre interlocuteur.

## Identifier les émotions

Identifier les émotions de l'autre consiste à leur procurer un poids plus important qu'elles n'en possèdent dans le discours. Cette démarche empathique s'inscrit dans la compréhension des états subjectifs que peut vivre une personne. En pointant du doigt l'émotion et en la nommant précisément, vous pénétrerez dans les pensées de l'autre, provoquant une résonance singulière dans son esprit.

> Interlocuteur : « Je ne supporte plus ces conditions de travail. La pression du management, les objectifs revus toutes les semaines, les ragots dans les couloirs, je n'en peux plus ! Vous comprenez ce que je vous dis ? »
> Vous : « De ce que vous me dites, vous semblez profondément agacé par cette situation. »

L'identification des émotions nécessite un comportement résolument tourné vers autrui pour qu'il y ait congruence entre ce qu'exprime la voix et ce que communique le corps.

## Recadrer

Le recadrage, très efficace dans la relation d'aide, permet à votre interlocuteur de considérer les choses différemment, très souvent en faisant émerger les points positifs de la relation ou de la problématique. Vous accompagnez votre interlocuteur vers un chemin qui sera bénéfique aux parties prenantes.

> Interlocuteur : « De toute façon, je sais exactement comment tout cela va se terminer ! »
>
> Vous : « Les choses se termineront comme elles devront se terminer. En attendant, quels bénéfices pensez-vous pouvoir tirer de cette nouvelle technologie ? »

Le recadrage s'inscrit à mi-chemin entre vos propres idées et celles de votre interlocuteur.

## Questionner

Le questionnement est nécessaire pour comprendre réellement la problématique – ou le conflit – qui peut opposer des parties prenantes. Sans comprendre les enjeux réels, vous vous exposez à prendre les demandes ou revendications pour argent comptant.

Il existe deux grands principes de questionnement : la question ouverte et la question fermée.

Les questions fermées appellent des réponses précises, réduisant par conséquent le champ du dialogue. Face à des interlocuteurs mutiques ou des individus peu enclins à se livrer, la question fermée est à éviter, sauf si votre intention est de vérifier ou confirmer une information.

> Vous : « Donc, vous ne voulez pas me parler ? »
>
> Interlocuteur : « Non. »

Les questions ouvertes, quant à elles, sollicitent des réponses explicatives. Par leur fonction, elles ouvrent le discours avec pour objectif de récolter des informations supplémentaires. Les adverbes interrogatifs « comment » ou « pourquoi » sont très souvent utilisés dans le cadre de questions ouvertes.

> Interlocuteur : « Je ne sais pas ce qui m'a pris, mais je l'ai frappé. »
>
> Vous : « Comment expliquez-vous ce geste ? »

Il est souvent nécessaire d'alterner subtilement questions ouvertes et questions fermées, en fonction du résultat que vous cherchez à atteindre.

## Projeter

La projection est une excellente technique pour sortir son interlocuteur d'une impasse, en le conduisant à considérer les choses d'une autre manière. L'utilisation d'un contexte hypothétique, souvent combinée à l'usage du futur, permet d'induire le changement chez l'autre.

> Interlocuteur : « Laissez tomber, de toute façon, tout est bloqué ! »
>
> Vous : « Et si vous pouviez faire différemment, que feriez-vous ? »

La projection implique personnellement l'interlocuteur pour qu'il ait le sentiment d'être l'artisan d'une solution potentielle.

# La maîtrise du fond et de la forme

« La forme, c'est le fond qui remonte à la surface », soulignait Victor Hugo. Nous ne pouvons adhérer davantage. Si votre démarche bienveillante, solide sur le fond tant par les outils utilisés que par l'objectif fixé, souffre de défaillances sur la forme, votre action risque d'être déconsidérée ou jugée peu crédible.

> Entretien annuel de performance. Thierry, un manager reconnu pour ses qualités de leader et ses résultats en constante progression, reçoit aujourd'hui Pierre, un collaborateur particulièrement retors. Ce dernier affiche des performances quantitatives et qualitatives bien en deçà de la moyenne de l'équipe. Son comportement est vivement critiqué par l'entreprise et plus particulièrement par son équipe, car il a une fâcheuse tendance à saboter dans l'ombre les nouveaux projets et la cohésion du groupe.
>
> Thierry sait que cet entretien annuel est toujours une étape très difficile. S'il pouvait d'ailleurs l'éviter, il le ferait. Thierry a préparé un rapport complet, étayé de données solides et factuelles. Pourtant, il ne peut contrôler l'anxiété qui ruisselle déjà sur son visage. Au bout de trente minutes d'entretien, Pierre, campé sur ses positions et sa mauvaise foi, parvient à ébranler la démarche constructive de Thierry, en jouant notamment sur la peur qu'à Thierry d'affronter et de gérer le conflit. Thierry lui mettra finalement une note moyenne pour s'acheter la paix.

Qu'est-ce qu'illustre cet exemple, malheureusement monnaie courante en entreprises privées ou publiques ? Si la forme n'est pas aussi solide que le fond, l'un fera basculer l'autre. Un navire de guerre, doté de la dernière technologie de pointe, de moteurs ultra-puissants, d'un équipage d'élite, d'un armement nucléaire, n'ira pas très loin avec une coque fissurée.

Pour qu'un discours soit crédible et provoque l'effet escompté, il est nécessaire que le fond soit congruent avec la forme. C'est vrai que, par moments et face à certains profils complexes, on a tendance à vouloir abréger la conversation ou à laisser un peu de terrain à l'autre pour s'acheter la paix. C'est un principe de survie, finalement. Et personne n'est capable de tenir sans faille dans la durée. Simplement, il faut choisir ses batailles. Et celles que l'on choisit, on fera en sorte de ne pas les perdre.

## L'adaptation

Comme il n'existe aucune réponse universelle pour gérer un profil complexe, l'adaptation est de rigueur. Il est un principe de base : puisque les situations, combinées à la psychologie humaine des individus, sont par définition singulières, il est nécessaire de les comprendre à leur juste valeur. Au final, c'est la situation qui appelle la réponse la plus appropriée, et non l'inverse.

L'adaptation relève avant tout de l'alchimie subtile de notre personnalité et de notre expérience. C'est la capacité à apprendre de l'expérience qui nous étoffera le cuir pour nous conduire à affronter les prochains événements avec plus de précision. Sans cela, nous sommes en quelque sorte condamnés à reproduire le passé, sans apprendre de nos erreurs.

Considérez qu'il n'y a aucune certitude, mais beaucoup de doute à cultiver. C'est cette attitude qui vous poussera à vous interroger constamment et à éviter des réponses figées et atemporelles. Ainsi, vous ferez preuve d'adaptation en fonction du contexte imposé et de la cartographie des acteurs.

# LES RENONCEMENTS NÉCESSAIRES

En négociation, la première matière sur laquelle nous travaillons est nous-mêmes. Tout simplement pour mettre à rude épreuve nos jugements hâtifs, notre capacité d'adaptation, nos facultés cognitives, notre résilience et bien d'autres éléments. Par ce procédé confronté à la rudesse des expériences, on prend conscience de ses limites et de ses forces.

La gestion d'un profil complexe requiert des renoncements. Car vos propres limites seront souvent confrontées à la volonté et à la capacité de changer de vos interlocuteurs. Chercher l'impossible ne provoquera que frustration et abandon. Ce qui vous détournera d'autant plus d'un profil complexe. Pour gérer sereinement un sujet retors, il faut accepter ce que l'on peut réaliser et ce que l'on ne pourra probablement pas réaliser. Voici quelques petits renoncements issus de notre expérience qui nous ont toujours servi.

## Le jugement

Pour céder à la facilité, le plus simple est de juger, ce qui vous permettra de sortir la tête haute de bien des situations. Le seul souci, c'est que la situation n'aura guère changé. Pour des raisons évidentes, le jugement est à proscrire, car il réduit *de facto* le champ des possibles et élimine les options nécessaires à la résolution de la problématique.

Les remarques les plus communément observées auprès de personnes ayant à gérer des profils complexes ressemblent à ceci :

« Évite-le, c'est un taré ! », « Laisse tomber, quoi que tu dises, ça se passera mal », « De toute façon, ça ne peut que mal tourner avec un débile pareil », « Jamais on ne l'invite ! »…

Il est évident que vous serez habité par certaines de ces pensées. Elles sont naturelles, car les comportements affichés par un profil complexe sont souvent à l'opposé de ce que peuvent dicter les normes sociales ou vos propres valeurs. Maintenant, gardez-les pour vous, simplement le temps d'agir correctement en conséquence. Il se peut que vous revoyiez votre propre jugement…

## La recherche de perfection

Face à des profils complexes, la recherche de la perfection est futile, voire inutile. Dans la très grande majorité, il faudra vous contenter non pas de peu, mais tout simplement de ce qui est possible. De nombreux profils complexes souffrent de troubles psychologiques et comportementaux conséquents ayant structuré et modélisé leur façon de penser depuis suffisamment de temps pour rendre leur attitude sociale rigide et inadaptée. Espérer les faire changer du tout au tout est un doux rêve. Par conséquent, les changements doivent être fixés à hauteur de l'objectif que l'on se donne. En négociation commerciale, par exemple, face à un antisocial se moquant éperdument des règles et de leur nécessité, il s'agira de faire en sorte qu'il tienne ses engagements pendant la durée de l'accord ou du contrat. Espérer que sa fiabilité deviendra un nouveau trait de caractère relève de la perfection. Dans ce cas précis, ce qui compte pour vous est son changement d'attitude durant un temps donné.

## Le changement radical

Dans la suite logique de la recherche de perfection, le changement radical est peu envisageable face à des profils complexes. Il est psychologiquement destructeur d'aller à contre-courant du jour au lendemain. Ainsi, il est préférable et nécessaire d'envisager un changement progressif, défini par étapes successives. En donnant le goût de quelque chose de différent, on éduque progressivement le palais. C'est le principe du vin. Pour l'apprécier, il faut du temps.

Le changement progressif contribue également à développer une démarche autonomisante chez un profil complexe. En s'acclimatant de lui-même à un nouvel environnement, il sera d'autant plus enclin à s'y attarder pour le découvrir sous toutes ses facettes.

## L'apitoiement

De nombreux profils complexes souffrent de leur condition. Par le lien empathique, vous vous mettez dans leurs souliers pour percevoir ce qu'ils peuvent ressentir. C'est l'empathie qui vous permet à la fois de mieux comprendre l'autre, mais également de créer une relation favorable. Ce procédé est indispensable pour espérer faire changer certaines attitudes nocives ou inadaptées.

Il existe un risque toutefois : l'apitoiement. À force d'entrer dans le cadre de référence de son interlocuteur pour mieux comprendre ses réactions, vous ne vous contentez plus de percevoir ses émotions, mais vous vous en imprégner. C'est à ce moment que vous pouvez basculer. Vous ne comprenez pas la situation, mais vous la cautionnez. Votre lucidité étant brouillée, vous n'êtes plus efficace pour gérer au mieux la situation. Ce qui veut dire que vous serez tenté de trouver des excuses à des comportements nuisibles, sous couvert d'une enfance malheureuse, d'une perte d'emploi, d'un drame familial ou autre chose. L'apitoiement n'est ni un remède pour vous, ni un remède pour l'autre. Alors, évitez-le s'il se présente.

## L'agressivité

À l'instar de l'apitoiement, l'agressivité est un mauvais engrais. C'est souvent une conséquence directe d'une « exposition trop forte » à un profil difficile. Vos émotions prennent le pas sur votre raison, et vous libérez de la colère, teintée de haine, pour vous soulager et vous faire entendre.

Il est difficile de ne pas comprendre un manager, bienveillant et attentionné, gagné par l'agressivité face à une équipe composée de passifs-agressifs, antisociaux et paranoïaques. « Vu les bras cassés qu'il a dans son équipe, honnêtement je le comprends. » Ce type de pensée est humain. Vous faites pour le mieux et vous donnez beaucoup pour eux. En retour, ils sapent votre autorité et le travail que vous fournissez, simplement parce qu'ils prennent du plaisir à entrer en opposition.

L'agressivité nourrit malheureusement très souvent les comportements réfractaires, ce qui les renforce dans leur mode de fonctionnement. C'est en quelque sorte l'escalade, qui conduit très souvent à des conséquences désastreuses. Pour ne pas leur laisser ce plaisir et surtout pour espérer contrer leurs manœuvres dolosives, il est préférable de faire sommeiller son agressivité.

## La posture de docteur

Sauf si vous êtes réellement docteur et que vous prenez particulièrement du plaisir à professer, adopter une posture de docteur ne vous rendra pas service et sera dans bien des cas préjudiciable à la résolution de la situation.

En endossant la blouse blanche, notamment par la posture adoptée et la rhétorique utilisée, même si vous ne le souhaitez pas, vous risquez d'être perçu comme condescendant. En analyse transactionnelle, c'est prendre une position de *parent* face à un interlocuteur *enfant*.

Un autre risque est également de créer une situation de dépendance entre vous-même et votre interlocuteur, ce qui ne contribuera pas à faire évoluer sainement la relation. Enfin, la plupart des profils complexes ne considèrent pas qu'ils ont besoin d'aide, ou qu'ils sont malades. Si vous jouez au docteur, vous risquez d'être reçu comme il faut.

Ce qui veut dire qu'il est toujours préférable d'être ce que vous êtes réellement. Sauf pathologies avérées, les profils complexes sont capables de différencier des comportements bienveillants et honnêtes de comportements condescendants et suffisants.

## La fuite

La fuite est une des réactions les plus observées face à un profil complexe. Comme fuir requiert moins d'efforts que de se battre, la fuite est très souvent privilégiée. Il est vrai que certaines situations peuvent nécessiter la fuite, notamment face à un profil pervers ou simplement quand aucun autre choix ne peut s'offrir à vous. Cependant, il est vivement conseillé de n'utiliser la fuite qu'en dernier recours pour les raisons suivantes. Premièrement, la fuite ne permet pas de résoudre la situation. Certes, vous vous protégez, mais souvent ce n'est que pour un court moment. Tout finit par rejaillir, si vous avez un enjeu particulier dans la situation. Également, en fuyant, vous isolez d'autant plus un profil complexe, ce qui aura tendance à rigidifier ses comportements et son mode de pensée. « S'il n'est pas resté, c'est bien que j'avais raison ! » « Ce sont tous les mêmes, ils finissent par abandonner. » « Ça confirme bien ce que je pensais de lui. » Enfin, la fuite fera de vous un fuyard parmi les trop nombreux fuyards, ce qui vous sera préjudiciable si vous tentez d'apparaître différent parmi les autres.

Prenez le temps, prenez sur vous avec le distancement qui s'impose et impliquez-vous de façon juste. Rien qu'en appliquant ces bons conseils, vous paraîtrez positivement différent aux yeux de profils complexes.

2

# 9 PROFILS OPPOSANTS

L es profils opposants pourraient être vulgairement appelés les « casse-pieds ».

De par leur attitude et leurs agissements, les profils opposants sont source de problèmes et d'entraves dans la relation. Ils appliquent, consciemment ou inconsciemment, une stratégie de blocage, qui peut être agressive ou faussement collaborative. La relation s'en trouve impactée *de facto*, avec la nécessité de recourir à des outils adaptés pour rétablir une situation favorable permettant la satisfaction de votre objectif.

Ce qui distingue un profil opposant d'un profil difficile ou critique, c'est le degré d'obstruction dans la relation et la souffrance engendrée pour les parties prenantes. Non pas qu'il soit forcément plus simple d'agir sur un profil opposant que sur un profil critique, mais généralement la complexité est moins importante. Une bonne maîtrise des outils techniques permet de gérer de façon efficace, voire pérenne dans certains cas, des profils opposants.

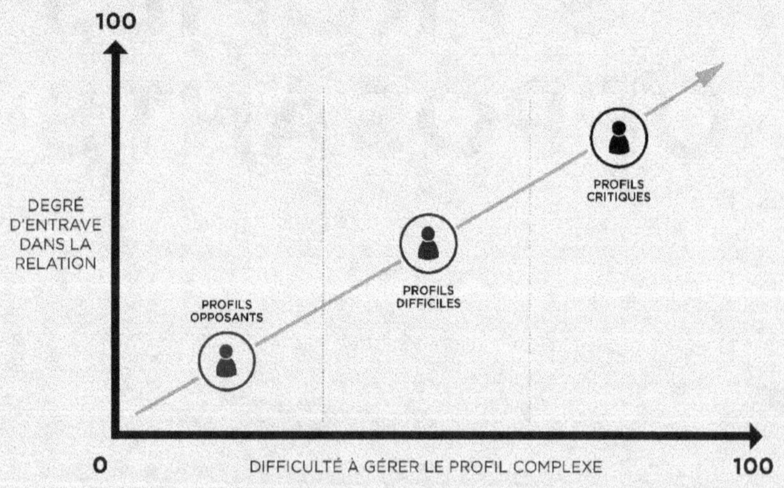


Classification des profils complexes

# 1. LE VENTRE MOU

Rendez-vous commercial entre M. Pierre, responsable Grands Comptes d'un groupe laitier, et M. Simon, acheteur pour le compte d'un grand distributeur.

– Monsieur Simon, alors, que pensez-vous de ce nouveau produit et des conditions commerciales que nous sommes prêts à vous octroyer ?

– Ça me paraît pas mal. Oui, ça me semble correct.

– Très bien, quand pouvons-nous envisager un référencement ?

– Eh bien, d'ici quelques mois. Oui, quelques mois, le temps que l'on s'organise en interne.

– D'accord, on peut partir sur le mois de mars ?

– Oui, ça me paraît bien.

Quelques mois plus tard, nous sommes début mars. Après de nombreuses relances par e-mail, M. Pierre parvient enfin à joindre M. Simon au téléphone.

– Monsieur Simon, je suis désolé de vous harceler, mais comme nous sommes début mars et que nous étions convenus d'un référencement en mars...

– Ah oui, c'est vrai. J'ai été un peu débordé. Et visiblement, c'est plus compliqué. Laissez-moi vous rappeler la semaine prochaine pour tout finaliser.

Deux mois plus tard, M. Simon n'avait toujours pas rappelé, malgré les relances de M. Pierre...

## Définition

Le ventre mou caractérise un individu éprouvant des difficultés à s'engager pour des raisons qui lui sont souvent propres. Cette difficulté à s'engager est la résultante d'un conflit interne entre la volonté d'éviter un différend et l'incapacité à tenir ses engagements. Par conséquent, le ventre mou est perçu, à juste titre, comme un individu peu fiable.

Pour gagner du temps, s'acheter la paix ou simplement faire plaisir, cet interlocuteur s'engage parfois, mais, au final, fait très peu ou pas du tout. Le résultat est tout simplement décevant. Si la relation ne semble pas altérée sur la forme, elle l'est grandement sur le fond. C'est le principe du *gentil inefficace* que l'on a du mal à détester, parce qu'il n'est pas bien méchant. Donc, on laisse faire ou l'on se contente de peu. Le souci, c'est que tant que l'on ne parvient pas à agir de façon idoine sur son comportement et notamment sur sa capacité à s'engager, notre objectif s'en trouve menacé.

# À privilégier

## L'impliquer personnellement

Le trait saillant chez un ventre mou est l'incapacité à s'engager de façon fiable. Afin de limiter cette dispersion volontaire ou involontaire, il est nécessaire de l'impliquer au maximum dans le choix de la décision. Pour cela, il est préférable d'utiliser davantage de questions fermées, à choix contraints, que des questions ouvertes, propices aux échappées belles.

Le but est de laisser le choix de la forme à son interlocuteur, sans jamais rien lui laisser sur le fond. En l'incitant à s'engager sur une option parmi d'autres, il s'implique plus fortement, rendant le désistement plus difficile pour la suite.

> – Eh bien, d'ici quelques mois. Oui, quelques mois, le temps que l'on s'organise en interne.
>
> – Très bien, vous préférez le mois de février ou de mars ?
>
> – Ben, on n'a qu'à partir sur mars.
>
> – OK, c'est bien noté.

Dans le cas présent, en incitant son interlocuteur à verbaliser le mois qu'il préfère (parmi un choix volontairement restreint), l'implication psychologique est renforcée. Cela n'évitera pas forcément un désistement potentiel, mais en l'occurrence, cela limitera la volonté de le faire. Il s'agit de se mettre dans les meilleures prédispositions pour espérer un changement efficace chez son interlocuteur.

## Le rassurer

Le conflit interne qui peut animer un ventre mou relève d'expériences qui lui sont propres. Souvent, le manque d'assurance, lié à la peur de décevoir, peut expliquer ce manque de fiabilité et cette incapacité à s'engager de manière fiable.

Il est donc nécessaire de travailler sur la confiance pour rassurer son interlocuteur et ainsi faire émerger les peurs non exprimées. Si la peur n'est pas verbalisée, il vous sera impossible de la traiter. Dans bien des cas, la peur peut être également liée à l'effort à fournir. De nombreux ventres mous sont tout bonnement fainéants ou ne souhaitent pas dépenser plus d'énergie qu'ils en dépensent régulièrement.

Quelle que soit l'origine de ce conflit, c'est la rassurance bienveillante qui fera en sorte qu'ils se livrent davantage, ce qui vous permettra de vous positionner en fonction de vos contraintes et opportunités.

> – Ben, on n'a qu'à partir sur mars.
> – OK, c'est bien noté. Juste pour mon information, pourquoi préférez-vous le mois de mars ?
> – Ben, ça me laissera plus de temps pour tout intégrer dans le système.
> – Je comprends. Avez-vous besoin de données particulières ? Les souhaitez-vous sous un format spécifique pour vous faciliter la tâche ?
> – Ben, je vais regarder avec mon assistante et je vous dirai.
> – Ce que je peux vous proposer, si vous le souhaitez bien évidemment, c'est de me mettre en contact directement avec votre assistante pour aborder les données techniques.
> – On peut faire ça, effectivement.
> – Très bien. Quelle est sa ligne directe ?

Dans le cas présent, ce sont l'implication et la rassurance qui font la différence.

Le piège est de se contenter de « je vais regarder avec mon assistante et je vous dirai ». Si vous ne contrez pas cette réponse en incitant votre interlocuteur à vous mettre en contact avec son assistante, vous repartez pour un tour.

La rassurance, quant à elle, émane de la relation d'aide. Vous êtes force de proposition pour à la fois lui mâcher le travail et limiter les efforts qu'il devra fournir.

Dans bien des cas, les ventres mous ont besoin de voir que le changement n'affectera pas leur quotidien.

## Faire preuve de fiabilité

Les ventres mous savent pertinemment qu'ils ne sont pas fiables. Les plus honnêtes vous répondront qu'ils ne peuvent pas faire autrement. Et les moins honnêtes vous trouveront une bonne excuse (manque de temps, trop cher, mémoire défaillante, trop compliqué, incompréhensible…). Ajoutez à cela un manque de fiabilité de votre part, pour une raison ou pour une autre, et vous pouvez être sûr que l'échec de la relation ou la non-atteinte de votre objectif vous seront imputables.

> Fin février, M. Simon reçoit les fiches techniques avec une semaine de retard.
>
> – Monsieur Simon, j'ai eu un petit contretemps, j'étais malade pour ne rien vous cacher. Avez-vous pu bien intégrer les données techniques dans votre système ?
>
> – Comme je les ai reçues en retard, je me suis mis sur un autre dossier ; du coup, il faudra plutôt attendre avril maintenant.

Votre fiabilité est le meilleur rempart contre un manque de fiabilité rampant. Plus vous serez irréprochable face à un ventre mou, moins ce dernier pourra avoir recours à des excuses lui permettant de se déresponsabiliser ou de se dédouaner.

# À éviter

## Lui laisser le *lead*

Le ventre mou se définit comme un *suiveur* ou un *faux leader*.

Il aura tendance à suivre le groupe pour éviter le conflit ou de fournir des efforts. Ou il aura tendance à prendre le *lead* sur certains sujets, notamment auprès de collaborateurs, pour s'assurer que ses intérêts personnels sont bien préservés (ce qui équivaut souvent à ne pas fournir plus d'efforts).

Sachant que sa fiabilité est douteuse, si vous laissez le *lead* à un profil mou, c'est-à-dire que vous lui octroyez la latitude d'être force de proposition et recommandation, vous pouvez être sûr que le résultat sera décevant, pour ne pas dire catastrophique. Vous observez alors un changement constant de position, de stratégie, de discours, notamment face à ses propres contradictions, pour sortir la tête haute et faire en sorte que la faute soit imputable aux autres. Et, bien entendu, sans que la problématique en cours avance.

Il est donc nécessaire de prendre le *lead* de façon subtile face à un ventre mou, sans froisser son ego, et ainsi faire en sorte de canaliser le peu d'énergie qu'il est prêt à insuffler au service d'un objectif commun.

## Lui faire perdre la face

Si la passivité peut caractériser le mode de survie d'un ventre mou, cette passivité peut vite s'exacerber si le ventre mou perd la face.

> – Vous m'aviez dit que vous paramétriez votre système en février pour un référencement en magasins en mars.
> – Oui, mais c'est plus difficile que prévu, en fait…
> – Ça va être difficile d'avancer avec vous, si vous ne tenez pas vos engagements.
> – Écoutez, mon rendez-vous va démarrer. On se rappelle.
> M. Simon n'a jamais rappelé ni répondu aux différents appels de M. Pierre…

Faire perdre la face est une formidable opportunité pour un ventre mou d'abonder dans son sens et de rester sur sa ligne de conduite. Comme son ego est écorché, il se mure d'autant plus dans son mode de fonctionnement. Rétablir la relation est souvent extrêmement difficile.

## Utiliser trop de questions ouvertes

L'immense avantage d'une question ouverte est de solliciter des réponses explicatives, ce qui force, en quelque sorte, l'autre à justifier sa position. Face à un ventre mou, c'est à double tranchant. Certes, il est nécessaire d'en poser pour obtenir des informations complémentaires, mais l'usage doit être finement dosé pour éviter des palabres stériles et improductives. Gardez en tête que le ventre mou n'hésite pas à recourir à une rhétorique appropriée pour gagner du temps ou éviter le conflit. Trop de questions ouvertes seront d'autant plus d'opportunités de maquiller une implication personnelle spécieuse.

M. Bonvoisin vient de s'installer dans une jolie bourgade. Dès le premier jour, il est accueilli par son voisin, M. Pamaran.

- Le facteur a déposé un colis chez moi à votre intention. Il l'a fait parce que j'étais à la maison et que vous n'y étiez pas. Je vous le dis direct, ça me gonfle de le faire. La prochaine fois, je mets votre colis à la poubelle.

- En tout cas, je tenais à vous remercier de l'avoir fait.

- Je ne veux pas de tes remerciements, tiens-toi à carreau, c'est tout. Je n'aime pas ta tête. C'est compris ?

- Je n'ai pas l'intention de vous embêter, monsieur.

- Ouais, c'est ça. C'est ce qu'ils disent tous et ça se finit tout le temps mal...

## Définition

L'autoritarisme et la tyrannie, mêlés à de l'aigreur, caractérisent particulièrement bien l'agressif. Ce profil opposant cherche à s'imposer dans la relation en créant un contexte dégradé et tumultueux dans lequel il évoluera toujours mieux qu'un interlocuteur non agressif. Une fois le décor planté, il peut espérer avoir facilement la mainmise sur la situation.

Un profil agressif a une inclination naturelle à challenger pour le plaisir ou simplement parce que c'est malheureusement son seul mode d'expression. Que cette agressivité soit volontaire ou subie, elle déstabilise fortement un interlocuteur non préparé, impactant négativement la relation.

Les profils agressifs font souvent peur, faute de savoir les neutraliser. Cependant, avec un peu d'assurance, une bonne dose de distancement et quelques techniques adaptées, le rapport de force peut s'inverser plus vite que vous ne le pensez.

# À privilégier

## Verbaliser ses émotions

Les profils agressifs crachent du venin. Cette substance amère déverse pêle-mêle des émotions ambivalentes, brutales, offensives et parfois violentes. Comme un exutoire, l'agressif se décharge pour différentes raisons : il ne sait pas faire autrement, cela entraîne du plaisir, il cherche à intimider, il se sent agressé, il ne supporte pas quelque chose…

Qu'il soit conscient ou non de la portée de ses actes, il est important de lui faire prendre conscience de la perception de son état par un regard extérieur. La verbalisation de l'émotion est un outil particulièrement puissant. En nommant l'émotion, vous faites en sorte qu'elle résonne dans son esprit, afin qu'il considère les choses différemment.

> – Je ne veux pas de tes remerciements, tiens-toi à carreau, c'est tout. Je n'aime pas ta tête. C'est compris ?
>
> – Vous semblez être en colère après moi.
>
> – Je ne suis pas en colère après vous, je ne vous connais même pas ! Je ne veux pas gérer vos affaires, c'est tout ! C'est compris ?

En nommant l'émotion que M. Pamaran peut ressentir (la colère), il prend ainsi conscience de la façon dont il est perçu par l'autre, ce qui peut provoquer un changement d'attitude, notamment si sa colère est subie. De plus, le fait de verbaliser l'émotion pousse l'autre à argumenter sur son état, ce qui vous permet de glaner davantage d'informations qui pourraient justifier un tel comportement. Ainsi, en comprenant l'origine de la colère (mauvaise expérience avec un voisin, par exemple), vous pourrez trouver les mots justes pour rassurer votre interlocuteur et limiter l'agressivité affichée.

## Le laisser vider son sac

Même s'il est très tentant de répondre, il importe de se taire quand un agressif vide son sac. Les agressifs sont très souvent des impulsifs qui laissent libre cours à leurs émotions. Laissez-les faire. Considérez que cela leur fait du bien, donc pourquoi ne pas leur laisser ce moment de bonheur ? Se pose la question du mal que cela peut vous faire ? Considérez alors qu'ils ne savent pas faire autrement, et rangez votre ego. Cela vous permettra de prendre le recul nécessaire pour ne pas vous laisser déstabiliser par des attaques gratuites.

Les profils agressifs se nourrissent souvent de la réaction provoquée chez l'autre. En évitant l'escalade stérile qui consisterait à répondre sur le même ton, vous leur montrez directement que leur tentative glisse sur vous comme de l'huile sur une toile cirée. Ce qui, à terme, provoquera de l'usure chez un agressif. Sans prise sur vous, il lui sera difficile de continuer à appliquer la même stratégie.

## Distinguer l'émotion du comportement

Distinguer l'émotion du comportement permet de poser les limites nécessaires au respect des personnes. Sans cadre imposé, un agressif se sentira tout-puissant et sera d'autant plus enclin à vous marcher dessus. C'est le principe des enfants rois face à des parents permissifs. Au début, ces enfants adorent leurs parents car ils ont un sentiment de liberté indicible. Puis, petit à petit, ils en viennent à les mépriser pour deux raisons principales : le manque de structure cohérente et la frustration générée par le « non » de leurs parents quand ils vont trop loin. Finalement, le résultat est l'inverse de celui escompté par les parents.

Les agressifs fonctionnent sur le même principe. Sans cadre, vous ne pourrez établir de notion de respect. Un agressif aura toujours plus de considération pour quelqu'un qui définit un cadre que pour une personne qui s'achète la paix.

Un bon moyen de fixer le cadre est de différencier l'émotion du comportement.

> – Je ne suis pas en colère après vous, je ne vous connais même pas ! Je ne veux pas gérer vos affaires, c'est tout ! C'est compris ?
>
> Pris de colère, il jette vulgairement le colis aux pieds de M. Bonvoisin.
>
> – Écoutez, je peux comprendre que vous soyez agacé par cette situation, mais cela ne vous autorise pas pour autant à jeter mon colis par terre. Pour votre information, ce colis a une grande valeur pour moi.

Dans le cas présent, M. Bonvoisin ne remet pas en cause l'émotion affichée de M. Pamaran, qu'il juge d'ailleurs légitime, mais le comportement inapproprié et décalé par rapport à la situation. L'objectif est double : imposer le cadre et lui faire prendre conscience de son attitude.

# À éviter

## L'escalade

Sauf si vous souhaitez mettre fin définitivement à la relation et que vous en avez le pouvoir, répondre à de l'agressivité par de l'agressivité ne peut engendrer que l'escalade. Et à ce petit jeu, les agressifs auront toujours une longueur d'avance sur vous (sauf si vous êtes un antisocial bien sûr). L'escalade entraîne des conséquences irréversibles qui entachent profondément une relation et mène souvent à la violence physique.

Considérez que l'agressivité est du carburant qui nourrit un agressif. Privilégiez donc la stabilisation de son état à une escalade stérile.

## S'acheter la paix

Au risque d'être abrupts, s'acheter la paix sociale nous semble un doux rêve. C'est l'objectif recherché par des stratégies de négociation relevant du « concessionnisme » systématique. De nombreux gouvernements et entreprises ont payé le prix fort en réalisant tardivement l'effet boomerang. En achetant la paix, vous créez une forte situation de dépendance, qui génère de la gourmandise incrémentale et contribue à élever l'autre encore un peu plus.

Face à un agressif, c'est exactement la même chose. En courbant l'échine, en vous effaçant un peu plus chaque jour, en faisant fi des insultes, vous espérez vous acheter la paix, voire envisagez que vos efforts seront récompensés. Malheureusement, cela nourrit la position haute que l'agressif occupe déjà et renforce la déconsidération qu'il peut éprouver pour des êtres qu'il jugera faibles. Le respect se gagne dans les limites que l'on impose. Avec pour objectif de faire changer l'autre.

## La menace

Après l'évitement, c'est la réaction la plus communément observée. Dans un élan de pouvoir, vous menacez votre interlocuteur pour reprendre l'ascendant et ainsi vous faire respecter. Si cela peut parfois fonctionner face à des agressifs rongés par le remords ou conscients de votre pouvoir réel (vous êtes son manager, vous jouissez d'une autorité légale, vous êtes un référent, vous avez un pouvoir de nuisance…), la menace est souvent perçue comme un signe de confrontation affichée. Comme les agressifs ont tendance à s'épanouir dans le conflit, la menace peut aisément se retourner contre vous. Il n'est pas rare d'observer des agressifs réaliser des choses insensées, allant à l'encontre de leur propre intérêt, simplement parce que la provocation a été trop forte.

# 3. LA MAUVAISE FOI

Conflit social enlisé dans le sud de la France. M. Sesak, le directeur des relations sociales d'une multinationale, rencontre pour la troisième fois M. Ardan, secrétaire général du syndicat majoritaire. Ce dernier exige une revalorisation salariale de 3 % pour l'ensemble des salariés, malgré la récente publication des résultats de l'entreprise, montrant une perte de chiffre d'affaires importante, un résultat net négatif et une dette asphyxiante.

– Soit vous nous donnez 3 %, soit on continue le mouvement jusqu'à Noël !

– Mais vous comprenez bien que, compte tenu de la situation actuelle, ce n'est pas possible. Nos comptes sont dans le rouge.

– C'est ce que vous dites, nous savons très bien que la boîte se porte bien et que vous avez des réserves.

– Non, la boîte se porte mal et nous n'avons pas de réserves ! Si nous vous augmentons de 3 %, nous fermons la boîte !

– C'est ça, ouais... On sait très bien que les comptes sont bons. Alors notre augmentation ?

## Définition

La mauvaise foi consiste à affirmer une information que l'on sait erronée. C'est une tactique qui consiste à maintenir une position ferme, tout en sachant pertinemment qu'elle ne repose que sur des informations spécieuses, dans le but de manipuler, déstabiliser ou convaincre l'autre.

La mauvaise foi est une manœuvre dolosive. Ceux qui l'utilisent sont généralement peu soucieux de l'éthique. Cette technique est avant tout efficace auprès d'individus qui ont tendance à prendre les choses pour argent comptant. Il est à noter que la mauvaise foi se heurte, fort heureusement, à l'esprit critique des individus éclairés. Cela ne signifie pas qu'elle devient plus facile à gérer ou à neutraliser (au contraire, d'ailleurs), mais, au moins, notre lucidité n'est pas altérée.

# À privilégier

## Le principe de réalité

Une erreur fréquemment observée est d'entrer violemment en opposition avec un individu faisant preuve de mauvaise foi. Vous savez que votre interlocuteur vous ment délibérément et, en « tapant » plus fort que lui, vous espérez le faire changer de position. Cela fonctionne difficilement. Simplement parce qu'il a d'autant plus tendance à s'ancrer dans sa position pour ne pas perdre la face.

Le principe de réalité permet d'éviter la confrontation frontale. Le but est de faire comprendre à l'autre que vous n'êtes pas là pour le convaincre, mais simplement pour lui exposer les faits tels qu'ils sont. Libre à lui de les accepter ou de les refuser. Ce n'est pas l'objet de la discussion. Avec ce distancement construit, vous évitez de cristalliser les tensions autour du sujet qui vous oppose, en espérant réorienter la conversation vers une issue qui sera plus favorable à tout le monde.

> – Mais vous comprenez bien que, compte tenu de la situation actuelle, ce n'est pas possible. Nos comptes sont dans le rouge.
>
> – C'est ce que vous dites, nous savons très bien que la boîte se porte bien et que vous avez des réserves.
>
> – Écoutez, je ne suis pas ici pour convaincre. Je vous présente la situation telle qu'elle est. Maintenant, vous pouvez l'accepter ou la refuser, mais cela ne changera rien à la situation actuelle. Revenons sur le point que vous m'exposiez hier.

## Faire comprendre que vous n'êtes pas dupe

La mauvaise foi s'alimente de la crédulité de l'autre. Ce qui signifie qu'un individu peu scrupuleux sera d'autant plus enclin à l'utiliser qu'il est persuadé que son interlocuteur mord à l'hameçon.

Pour limiter ces velléités inflationnistes, il est important de faire comprendre à son interlocuteur que vous n'êtes pas dupe.

La véritable difficulté repose cependant dans la formulation. Si vous êtes trop agressif, vous risquez l'escalade et un retranchement certain de votre interlocuteur dans sa position. Si vous n'êtes pas assez explicite, il ne réalisera pas la subtilité de votre approche.

Dans l'exemple cité plus haut, l'enjeu consiste à faire comprendre à M. Ardan que vous savez qu'il réfute les résultats en connaissance de cause.

> – Mais vous comprenez bien que, compte tenu de la situation actuelle, ce n'est pas possible. Nos comptes sont dans le rouge.
> – C'est ce que vous dites, nous savons très bien que la boîte se porte bien et que vous avez des réserves.
> – Monsieur Ardan, vous êtes un homme de chiffres et profondément cartésien. Qu'est-ce qui vous fait nier des résultats d'entreprise, validés par des auditeurs externes ?
> – Mais... parce que la direction nous ment tout le temps !
> – Donc vous remettez en cause la validité des comptes, c'est bien ça ?
> – Exactement.
> – Très bien, de quels éléments avez-vous besoin pour vérifier vous-même les comptes ?
> – Ce n'est pas le problème ! Nos 3 % d'augmentation, ils sont où ?

C'est terminé. La réponse de M. Ardan est un aveu d'acceptation. En esquivant la réponse, il prend conscience de l'inutilité de maintenir sa position, et vous lui faites comprendre, malgré lui, que vous n'êtes pas dupe.

## Lui ménager une porte de sortie

Faire sortir son interlocuteur la tête haute est une nécessité absolue dans le cadre de la gestion de la mauvaise foi. C'est souvent la dernière étape pour induire le changement et poser les bases saines d'une conversation constructive. Si vous ne faites pas ce chemin avec votre interlocuteur, il risque de nouveau de se murer dans sa position.

Une *porte de sortie* consiste à préserver l'ego de son interlocuteur tout en réorientant la conversation vers une issue favorable pour toutes les parties prenantes. Lorsque cela est convenablement effectué, la mauvaise foi est définitivement abandonnée.

> – Très bien, de quels éléments avez-vous besoin pour vérifier vous-même les comptes ?
> – Mais j'en sais rien et ce n'est pas le problème !
> – OK. En tout début d'après-midi, nous rencontrons tous les partenaires sociaux, dont vous-même, pour convenir d'une proposition acceptable pour la direction et les salariés. Comme il nous reste un peu de temps avant le début de cette réunion, mis à part les conditions salariales, quels sont, pour vous, les éléments sur lesquels nous devrions travailler ensemble ?

L'objectif est d'écarter la validité des comptes pour éviter que M. Ardan ne se décrédibilise et ne soit confronté à ses propres contradictions. Et de proposer un axe de travail où M. Ardan se sente valorisé.

# À éviter

## Faire perdre la face

Quand notre ego est écorché, nous tentons tous de le restaurer par un moyen ou un autre. C'est une réaction naturelle. Si c'est l'ego de votre interlocuteur qui est touché et que celui-ci a un fort pouvoir de nuisance sur vous, les conséquences sur la relation peuvent être dramatiques. À maintes reprises, nous avons assisté à des situations où les salariés partent en grève la peur au ventre, simplement pour tenter de réparer leur ego bafoué.

> – Mais vous comprenez bien que, compte tenu de la situation actuelle, ce n'est pas possible. Nos comptes sont dans le rouge.
> – C'est ce que vous dites, nous savons très bien que la boîte se porte bien et que vous avez des réserves.
> – Bon, j'arrête de discuter avec des gens de mauvaise foi.
> – Quoi ? Vous me traitez de menteur ? Vous allez voir de quoi sont capables de soi-disant menteurs !

Avant de vous « soulager verbalement », envisagez systématiquement les conséquences de vos actes.

## Contre-argumenter

Il est un principe de base : la contre-argumentation conduit iné-luctablement à une guerre de position. Surtout face à un individu qui se mure dans la mauvaise foi.

> – Mais vous comprenez bien que, compte tenu de la situation actuelle, ce n'est pas possible. Nos comptes sont dans le rouge.
> – C'est ce que vous dites, nous savons très bien que la boîte se porte bien et que vous avez des réserves.
> – Mais attendez, ces comptes sont validés de façon impartiale.
> – C'est ce que vous dites !
> – Mais attendez, vous ne pouvez pas dire ça !
> – Mais si, je le dis !

Cela peut durer très longtemps. Ne tentez pas de convaincre quelqu'un de déjà convaincu. Dites-vous bien que M. Ardan sait pertinemment que M. Sesak dit vrai. C'est simplement un refus de façade pour installer le conflit et déstabiliser M. Sesak. En évitant la contre-argumentation, on évite *de facto* d'entrer dans le jeu de M. Ardan.

## L'humour

Comme évoqué en début d'ouvrage, il n'existe pas de réponse universelle, car nous sommes toujours foncièrement différents. L'humour est fréquemment utilisé face à des individus de mauvaise foi, souvent pour leur montrer que nous ne sommes pas dupes, et ainsi les contraindre à stopper leur petit jeu.

L'humour est une arme à double tranchant, et, statistiquement, face à des individus de mauvaise foi, vous vous blesserez bien plus qu'eux. La résultante directe étant l'ego écorché.

> – Mais vous comprenez bien que, compte tenu de la situation actuelle, ce n'est pas possible. Nos comptes sont dans le rouge.
> – C'est ce que vous dites, nous savons très bien que la boîte se porte bien et que vous avez des réserves.
> – Vous avez passé combien d'années dans une compagnie de cirque ?

# 4. LA GIROUETTE

M. Pantin vient d'être élu maire d'une ville de taille moyenne. Il doit prendre la parole dans l'après-midi pour remercier ses électeurs et annoncer ses mesures phares. Lors de la préparation du discours, vu l'état des comptes, et en accord avec son premier conseiller, il convient de communiquer sur une augmentation des impôts locaux dès janvier 2016.

– Mes chers concitoyens, merci pour votre soutien. Je saurai être à la hauteur de votre confiance. Ma première mesure consistera à augmenter les impôts locaux en janvier 2017…

Une heure plus tard, M. le maire est face à son conseiller :

– Monsieur le maire, vous vous étiez engagé à communiquer janvier 2016. Nous avons établi le plan économique à partir de cette date.

– Écoutez, il faut savoir s'adapter et sentir les choses. Et les électeurs ont besoin d'oxygène, vous savez, vu la crise.

– C'est sûr, mais il va falloir rendre des comptes maintenant.

– Oh, on va se débrouiller, ne vous inquiétez pas…

## Définition

La girouette se caractérise par un manque flagrant de fiabilité. Sa propension naturelle à retourner sa veste en fonction des contraintes et opportunités fait d'elle un individu qui inspire la méfiance.

Ce profil opposant ne souffre pas de troubles de la personnalité à proprement parler. C'est simplement un opportuniste, conscient de ses propres agissements. La poursuite de ses intérêts personnels constitue son principal moteur. Il faut reconnaître une chose : la réputation des girouettes n'est souvent plus à faire, ce qui vous permet de vous y préparer avant même de les avoir rencontrées.

À noter qu'il existe également des girouettes bienveillantes. Ce sont ces individus qui veulent tellement satisfaire tout le monde qu'ils ne satisfont personne. La plupart des gens acceptent que le bonheur des uns fasse souvent le malheur des autres. Pour eux, c'est un déchirement. Ils voudraient faire plaisir à tout le monde. Ce qui explique que le matin ils peuvent tenir une position très ferme pour défendre une personne et l'après-midi renoncer à cette position pour pouvoir soutenir quelqu'un qui est plus dans le besoin. Si leur cause est légitime et noble, au final, ils restent peu fiables et décevants pour ceux qui les côtoient.

# À privilégier

## Choisir le moment juste

La girouette est portée par le vent. À tout moment, celui-ci peut changer de direction, ce qui modifiera par voie de conséquence l'orientation de la girouette. Ce qui veut dire que, malgré toute votre bonne volonté, vous n'aurez pas de prise sur le vent. Et cela, il faut l'accepter, sans quoi vous basculerez dans un monde de frustration et de colère.

Choisir le moment juste signifie savoir attendre pour placer ses pions en temps voulu. Dans l'exemple cité plus haut, le conseiller aurait dû attendre le discours du maire avant de communiquer ou de travailler sur une projection économique. Comme tout peut changer en fonction des opportunités (et la prise de parole en public en est une) ou des contraintes, il est préférable d'attendre. En s'impliquant personnellement devant un large public conquis, le maire freine malgré lui son inclination à changer d'avis. Mieux vaut décevoir une personne que deux cents, au final. C'est souvent la logique observée par une girouette.

## Le sensibiliser sur les conséquences de ses actes

La principale chose que vous pouvez redouter d'une girouette est un soudain revirement, qui peut directement impacter votre crédibilité ou l'objectif de la mission. Il est donc nécessaire d'agir efficacement pour éviter qu'elle ne change d'avis.

Un bon moyen pour y parvenir est de sensibiliser votre interlocuteur sur les conséquences directes de ses actes, et ce, bien en amont pour qu'il s'imprègne suffisamment du message subliminal.

> – Monsieur le maire, votre discours est dans une heure. Vous vous sentez prêt ?
>
> – Oui, pas de souci. Tout est clair dans ma tête.
>
> – Très bien. De mon côté également. Pour votre information, j'ai recalculé les rentrées prévisionnelles avec une augmentation des impôts locaux dès le 1er janvier 2016. J'ai largement communiqué auprès de la région, comme nous étions convenus. Ils sont rassurés et vous remercient pour votre courage. Ils ont déjà intégré dans leur prévisionnel les données que je leur ai transmises.
>
> – Très bien, je suis prêt.

Cette formulation a pour objectif de limiter les velléités de changement de votre interlocuteur. En lui faisant prendre conscience des conséquences négatives d'un revirement soudain de situation (notamment pour lui-même), vous faites en sorte de réduire ses agissements erratiques. S'il est conscient de perdre davantage en changeant, il sera d'autant moins enclin à changer.

## Lui imposer le fond et lui laisser le choix de la forme

Si maîtriser le fond face à une girouette est important, notamment en envisageant les conséquences de ses actes, la forme l'est tout autant.

Pour tenter de cadrer une girouette, il est nécessaire de limiter son périmètre d'action, sans qu'elle se sente menacée. En lui laissant le choix sur des critères que vous aurez préalablement déterminés, elle se sentira valorisée. Au final, son choix n'aura aucune importance. Tous les choix convergent vers l'objectif fixé.

> – Monsieur le maire, concernant la revalorisation des impôts locaux dès le 1er janvier 2016, vous préférez une communication écrite de notre part ou que l'on passe par la presse ?

Quel que soit le choix retenu, l'objectif sera atteint : communication écrite au 1er janvier 2016 sur l'augmentation des impôts locaux. Vous lui imposez le fond, mais vous le laissez libre de la forme.

# À éviter

## Le menacer

La menace fonctionne difficilement face à des girouettes. Elles font partie des profils dits « évitants », donc se terrent face au danger ou s'offusquent théâtralement face à une réprimande. Il est difficile d'avoir prise sur elles. Ce sont des anguilles qui louvoient entre les obstacles et vous glissent entre les doigts quand vous attendez un engagement ferme.

La menace ne fait que renforcer leur mode de fonctionnement. Les girouettes ont tendance à se venger, souvent de manière subtile et insidieuse, en renforçant leur manque de fiabilité et en laissant libre cours à leur imagination pernicieuse. Pour éviter un comportement dégradé, il est préférable de mettre la menace de côté.

## Ne pas saisir les opportunités

S'il faut savoir attendre le moment juste face à une girouette, il est également primordial de ne pas laisser les opportunités filer. Ce qui veut dire qu'il faut être agile. Alerte et agile.

Si la situation actuelle est propice à un engagement d'une girouette, alors il est nécessaire de faire en sorte qu'elle n'ait plus d'autre choix que de s'engager. Dans l'exemple du maire, cela peut se traduire par la présence volontaire du conseil général lors de sa conférence. Comme il ne souhaite pas décevoir le conseil général, alors il sera moins enclin à changer de position. Dans un tout autre registre, envoyer un e-mail à une girouette en la questionnant subtilement sur le choix qu'elle souhaite prendre, tout en prenant soin de mettre en copie ses patrons, est un moyen de la ferrer. Faute de ne pas provoquer des opportunités, ne laissez pas filer entre vos mains celles qui se présentent à vous.

## Faire preuve de fatalisme

Vivre, travailler ou côtoyer une girouette peut devenir un véritable calvaire. C'est la frustration et le ressenti que vous allez cultiver qui, à terme, vous anéantiront. Il faut être capable d'engager l'énergie nécessaire pour contrer, voire neutraliser une girouette. En bref, être prêt à vous battre sur son propre terrain, notamment quand une position hiérarchique régit le rapport de force.

Les girouettes sont connues, car les individus ont tendance à partager plus volontiers des expériences négatives que positives. C'est un peu comme quand on demande à des consommateurs d'exprimer leur avis sur un produit ou un service. Très peu de personnes prennent la peine de s'exprimer quand elles sont satisfaites. En revanche, elles prennent le temps qu'il faut pour faire savoir leur mécontentement. Les girouettes ne peuvent pas se cacher longtemps. Si vous pouvez les éviter, faites-le, notamment si l'énergie nécessaire pour les contrer vous fait défaut. Mais, si vous pouvez vous battre, préparez bien votre stratégie en amont. Face à quelqu'un d'agile, fiable, honnête et combatif, elles auront tendance à s'incliner. Les girouettes tiennent rarement dans la durée.

# 5. LE CRITIQUE

Deux salariés discutent de la récente entrée en Bourse de leur société, spécialisée dans le high-tech.

– C'est une vraie connerie, cette entrée en Bourse !

– Pourquoi tu dis ça ? T'as vu comme nos actions ont grimpé en un mois !

– Oui, mais ça ne va pas tarder à se casser la gueule, c'est sûr. Et je peux te dire que les patrons vont s'en mettre plein les poches !

– Remarque, nous aussi, si on les vend au plus haut.

– Mais non, ça cache quelque chose. Et puis, on va être dépendants des actionnaires maintenant. Tu vas voir ce qui va se passer. Je connais bien ces situations.

– Arrête de voir les choses en noir. Ça peut être une bonne opportunité pour tout le monde. En plus, le patron a dit qu'il embaucherait de nouvelles personnes d'ici trois mois.

– Il va les embaucher pour les virer plus tard...

## Définition

Le critique s'illustre dans sa capacité à voir toujours le verre à moitié vide, même par temps ensoleillé. Paranoïaque léger, il se persuade facilement que les choses agréables ont un côté sombre qui prendra rapidement le dessus sur la lumière. Si, par malheur, ses prédictions néfastes devaient se réaliser, il renforce alors son mode de réflexion et sa façon de percevoir le monde, ce qui le rend d'autant plus rigide et critique pour la suite. Pour faire simple, il a une inclination naturelle à sélectionner les expériences négatives (les siennes ou celles des autres) pour légitimer son criticisme.

Le critique s'isole souvent malgré lui. La « noirceur » de son aura provoque l'évitement de tous ceux qui sont amenés à le côtoyer. Négatif profond, il a tendance à ronchonner pour se faire remarquer ou simplement parce que c'est plus fort que lui. Les critiques sont souvent malheureux, même s'ils ne le laissent pas ouvertement paraître.

# À privilégier

## L'aider à verbaliser ce qu'il ressent

Les critiques sont versés dans l'art des tournures incisives. Rapides et courtes, comme de fines dagues aiguisées. Ces propos cachent souvent de la frustration, du ressenti, du mal-être ou de la colère mal exprimés. Comme ils ne savent pas faire autrement ou font volontairement pour exister à contre-courant, ils provoquent l'agacement de ceux qui les entourent.

Les aider à verbaliser ce qu'ils peuvent ressentir est un bon moyen de les considérer. Si on leur prête une oreille attentive et bienveillante, dénuée de jugement, ils peuvent être enclins à se livrer davantage afin d'expliquer la cause de leur négativisme.

> – C'est une vraie connerie, cette entrée en Bourse !
>
> – Ah bon ? Qu'est-ce qui te fait dire ça ?
>
> – Fais-moi confiance, je sais de quoi je parle !
>
> – C'est-à-dire ? Je ne comprends pas.
>
> – J'ai connu des situations similaires et chaque fois, ça s'est terminé en eau de boudin !
>
> – Ah ouais, et ces situations, elles ressemblaient à quoi ?
>
> – Ben, ma précédente boîte est entrée en Bourse, et deux ans plus tard, l'action s'est cassé la gueule. Du coup, on a tout perdu !
>
> – Et qu'est-ce qui te fait dire que cette fois-ci il se passera la même chose ?
>
> – Ben, je le sens, c'est tout.

En étant questionné de manière non intrusive et sans volonté de juger, le critique peut réaliser par lui-même que la situation vécue n'est pas forcément comparable à une expérience négative, même si les contours peuvent être similaires (entrée en Bourse). Cette prise de conscience n'a pas pour objectif de le faire changer de position, mais simplement d'étouffer un ressassement négatif.

## Proposer de l'aide positive

Les critiques vivent souvent seuls à force d'être évités ou rejetés. Cela provoque chez eux un sentiment d'incompréhension et de mal-être. C'est pourquoi, au même titre qu'un paranoïaque léger, ils ont du mal à accorder leur confiance.

En vous positionnant différemment des autres, vous pouvez espérer attirer leur attention, voire leur considération. Et c'est ce petit lien empathique qui pourra les faire changer. Car, au final, sans vous, ils resteront ce qu'ils ont toujours été.

> – Et qu'est-ce qui te fait dire que cette fois-ci il se passera la même chose ?
>
> – Ben, je le sens, c'est tout.
>
> – Je te propose quelque chose, un truc marrant. Dans un an, jour pour jour, on se fait un restaurant. Si l'action s'est cassé la gueule, je t'invite. Si elle a augmenté, tu m'invites !
>
> – Mouais...
>
> – Quel que soit le résultat, on passera un bon moment ensemble. C'est pas nos actions qui nous paieront le resto !
>
> – (rires)

En contraignant le critique à débourser s'il a raison, il peut être d'autant moins enclin à vouloir gagner, c'est-à-dire à espérer que l'action chute. C'est une petite subtilité psychologique qui peut faire souvent la différence, face à des individus négatifs et critiques.

## Abonder dans son sens

Le risque, face à un critique, est de tenter de le raisonner : « Mais attends, tu vois toujours les choses en noir, arrête un peu. » Généralement, cela ne fait que renforcer sa position et l'aversion qu'il pourra développer face à ces moralisateurs.

Le prendre au dépourvu, sans pour autant lui faire perdre la face, peut être véritablement efficace afin de le faire réfléchir sur lui-même.

> – Oui, mais ça ne va pas tarder à se casser la gueule, c'est sûr. Et je peux te dire que les patrons vont s'en mettre plein les poches !
>
> – Bon, OK, imaginons que l'action se casse la gueule, qu'est-ce qui va se passer réellement pour nous ?
>
> – Ben… notre boîte sera moins cotée.
>
> – Je suis d'accord. Et on peut vivre avec ça, non ?
>
> – Non, mais, généralement, ils licencient après !
>
> – Quel est lien entre le cours de l'action et le licenciement ?
>
> – J'en sais rien, mais c'est comme ça que ça se passe.
>
> – OK. Ta crainte est le licenciement, c'est bien ça ?
>
> – Ouais.
>
> – Si je te montre que le cours de l'action n'est pas corrélé au licenciement, tu pourras vivre avec une chute potentielle de l'action ?
>
> – Dis-moi déjà et ensuite on verra.

Pour un critique, cette dernière réponse est un « oui ». Il est très difficile de dire « oui » quand on ne sait que dire « non ». C'est pour cela qu'il faut également se contenter de réponses évasives et plus ou moins implicantes face à un critique. En tout cas, l'objectif a été atteint. En abondant dans son sens, c'est-à-dire en envisageant le pire comme il peut le faire, si le résultat n'est pas à la hauteur de ce qu'il attend, alors il pourra considérer que sa crainte est irrationnelle.

## À éviter

### Le contredire

Le critique est convaincu de ce qu'il avance. C'est une façon de vivre pour lui, qu'elle nous plaise ou non. Quand on tente de le contredire, notamment pour lui faire entendre raison, le critique se braque généralement. Tout simplement parce que s'il acceptait de rendre les armes, ce serait un véritable désaveu pour lui.

– C'est une vraie connerie, cette entrée en Bourse !

– Tu dis toujours ça, quelle que soit la nouvelle de toute façon.

– Je sais de quoi je parle, tu peux me faire confiance.

– Tu vois toujours les choses en noir. Si la boîte devait t'augmenter de 20 %, tu arriverais à trouver un loup.

– N'importe quoi ! Et la boîte ne nous augmentera jamais de 20 %, sauf si elle cherche à nous virer par la suite.

– Qu'est-ce que je te disais ?

Contredire quelqu'un le conforte généralement dans sa position. Face à un critique, son attitude se rigidifie d'autant plus.

## L'isoler

Sauf si vous avez le luxe de vous passer d'un critique, l'isoler est une mauvaise approche. Livré à lui-même, un critique fait preuve de dissonances cognitives. Pour cela, il va s'efforcer de justifier son fonctionnement et son isolement, en cherchant des circonstances atténuantes. Comme il finira par trouver, le critique étant créatif, son comportement va se rigidifier, et il sera d'autant plus difficile de le faire changer par la suite.

Les critiques « laissés à l'abandon depuis des années » développent des attitudes comparables à des profils difficiles.

## Lui faire la morale

Un an plus tard, le critique est invité au restaurant par son collègue.

– Alors, qui avait raison ?

– Bon, OK, mais attends l'année prochaine.

– Tu vois quand je te disais que tu étais négatif, tu comprends maintenant ?

– …

– Il faut que tu comprennes que par ce type de comportement, tu ne te fais pas que des amis. Les gens ont tendance à t'éviter.

– Mais, j'en ai rien à foutre des autres.

– Tu peux pas dire ça, tout le monde a besoin des autres, tu comprends ?

– Rien à foutre !

Personne n'apprécie ce genre de remarques, encore moins un critique, qui ne souhaite pas particulièrement changer. Laissez-le réaliser de lui-même que son comportement n'était pas adapté à l'époque, d'autant plus que l'actualité vous donne raison. L'action a augmenté et tout le monde ne peut que s'en satisfaire.

# 6. LE BON SAMARITAIN

Prise d'otages en cours dans une banque. La police a bouclé le quartier. Le groupe d'intervention vient d'arriver et se positionne au fur et à mesure. L'officier explique la situation au chef du groupe d'intervention.

– Bon, voilà, on a tout bouclé, tout bien bouclé, personne ne peut entrer ou sortir. Donc voilà, on attend vos instructions.

– Merci. Tant que personne n'entre ou ne sort, c'est le principal. Combien de preneurs d'otages ?

– Écoutez, d'après les informations que l'on a récupérées, entre un et trois. Rien n'est moins sûr, mais on est en train de confirmer les témoignages. On devrait avoir la réponse sous peu. Vous pouvez compter sur nous. On avance bien...

– Et au niveau de l'armement utilisé ?

– Ben, on ne sait pas trop, mais on avance également. On fait bien les choses de notre côté, dès qu'on a l'information, on vous la transmet sans attendre. Vous pouvez compter sur nous...

## Définition

Le bon Samaritain se caractérise par sa volonté de bien faire. Il est sur « toutes les balles », alerte, attentif, force de proposition et par moments, même, bienveillant. Il a tout, donc, du gendre idéal.

Cependant, si la relation sur la forme peut être très appréciable, le fond est généralement tout autre. Son engagement et ses paroles convaincantes sont malheureusement le reflet fallacieux d'un manque flagrant de résultat. Il a tendance à combler les brèches et les doutes par un sourire bienveillant et une volonté affichée de se mettre au service des autres. Il propose des solutions, revient à maintes reprises sur ses propres actions et se positionne souvent comme intermédiaire positif. En réalité, tout cela est de l'apparence. Comme l'arbre cache la forêt, le bon Samaritain est souvent apprécié pour ce qu'il est, et pas nécessairement pour ce qu'il fait.

# À privilégier

## Le recadrer de façon assertive

Le bon Samaritain, par définition, s'éparpille. Dès lors qu'un sujet est lancé, il se prononce volontiers et fait mine de s'investir passionnément. À l'écouter, une situation critique serait réglée en quelques heures.

La première chose à privilégier face à un bon Samaritain est le *recadrage*. Par cela, on entend la capacité à canaliser son mode expressif dans le but de limiter les écrans de fumée et autres promesses vaines.

> – Écoutez, d'après les informations que l'on a récupérées, entre un et trois. Rien n'est moins sûr, mais on est en train de confirmer les témoignages. On devrait avoir la réponse sous peu. Vous pouvez compter sur nous. On avance bien...
>
> – Merci. Cependant, une information nébuleuse ne nous est d'aucune utilité. Revenez vers moi uniquement avec une information précise, c'est-à-dire un, deux ou trois preneurs d'otages, et les éléments factuels qui vous ont permis de vous engager sur ce nombre. Merci à vous.

Le recadrage impose des règles précises que vous aurez vousmême définies. Si le bon Samaritain souhaite réellement vous aider, il sera contraint de vous fournir des informations vérifiées (par lui) et vérifiables (par vous).

## Obtenir des engagements fermes

C'est la suite logique du recadrage. Comme l'inclinaison naturelle du bon Samaritain est de faire beaucoup de bruit pour rien, il est nécessaire de l'engager personnellement dès lors qu'il vous remonte des informations ou qu'il exprime sa volonté de vous aider.

– Voilà, le compte est bon. Des témoignages recueillis des clients qui ont pu s'enfuir avant que les ravisseurs ne contrôlent la banque, on sait pour sûr qu'ils sont deux, cagoulés et lourdement armés.

– Très bien. Nous sommes d'accord que cette information cruciale dans le dispositif tactique que je vais maintenant mettre en place repose sur votre vérification. Elle vous engage au même titre que j'engage mes hommes dans le probable assaut. Nous sommes d'accord ?

– Oui, je m'y engage personnellement.

Le bon Samaritain n'est pas un menteur compulsif. Si vous parvenez à faire naître de la culpabilité chez lui, soit il renforcera sa position (car il sait pertinemment que l'information est fiable), soit il tentera une pirouette hasardeuse pour se déresponsabiliser (car il est conscient que l'information n'est pas vérifiée). Dans tous les cas, vous saurez comment vous positionner.

## Le pousser à agir dans l'immédiateté

– Ben, on ne sait pas trop, mais on avance également. On fait bien les choses de notre côté, dès qu'on a l'information, on vous la transmet sans attendre. Vous pouvez compter sur nous.

– Très bien. Vu que vous couvrez de nombreux fronts, quelle est votre priorité actuelle ?

– Ben, on ne laisse personne entrer ou sortir, on cherche à faire concorder les témoignages, on récupère aussi des informations des badauds...

– Vous pouvez gérer en priorité les témoignages, notamment pour confirmer le nombre de preneurs d'otages ?

– Oui, pas de souci. Et même...

– Très bien, pouvez-vous le faire maintenant et revenir vers moi dans trente minutes maximum ?

– Oui, oui, bien sûr.

– OK, j'attends avec impatience votre retour. À tout de suite.

Les bons Samaritains s'affichent comme des moteurs à essence, mais en réalité, ce sont plutôt des diesels. Si on les pousse à appuyer sur le turbo, ils ne sont plus réellement maîtres de la vitesse. C'est vous qui contrôlez la vitesse, car vous leur imposez le cadre d'action. Et comme ils ont envie de bien faire pour ne pas décevoir, maintenant qu'ils sont lancés, il est difficile pour eux de revenir en arrière. C'est un principe d'engagement.

# À éviter

## Oublier l'objectif de la relation

Le risque face à un bon Samaritain est de se laisser attendrir ou bercer par ses propos. Comme la relation est agréable, on peut avoir tendance à privilégier la relation au détriment de l'objectif de la relation. Nous nous expliquons. La relation est nécessaire pour satisfaire un objectif. Car sans relation, on ne peut espérer obtenir quelque chose de quelqu'un, sauf par la force. Quand les rapports interpersonnels sont excellents, on peut avoir tendance à s'enfermer dans la relation, tout en perdant de vue la raison pour laquelle nous sommes entrés en relation. Pourquoi est-ce si difficile de négocier avec ses enfants ou son conjoint ? Pour la même raison. L'affect brouille notre lucidité, et nous privilégions la relation au détriment de l'objectif de la relation.

## S'attarder sur la forme

Face à un bon Samaritain, seul le fond importe. La forme n'est utilisée que pour brouiller les cartes et passer des messages agréables à entendre. Si vous ne faites pas l'effort de percer ce voile, la relation sera certes très agréable, mais le résultat très décevant.

Les personnes les plus vulnérables face aux bons Samaritains sont celles qui ont tendance à éviter le conflit. Comme ce profil opposant est d'apparence affable, avenante, coopérative et douce, ces personnes trouvent refuge dans les belles paroles du bon Samaritain. Et même si le résultat n'est pas au rendez-vous, elles ont tendance à s'en satisfaire. Mieux vaut un chic type qui avance peu qu'un agressif qui avance trop vite…

## Répéter les prises de contact

Comme la situation n'avance guère sur le fond, on peut avoir tendance à multiplier les prises de contact pour « pousser » gentiment le bon Samaritain. Si cela peut parfois fonctionner de façon très anecdotique, généralement vous vous essoufflerez avant lui. De plus, vous perdrez un temps précieux que vous auriez pu mettre à profit sur un autre sujet.

Dites-vous qu'un bon Samaritain apprécie le contact en général, et les prises de contact répétées en particulier. C'est l'occasion rêvée pour lui de vous raconter tout ce qu'il a pu faire ou qu'il compte faire. Le risque, c'est qu'à chaque rendez-vous, le fond n'ait guère changé, même si l'histoire est racontée de façon différente. Mais agréable !

Pauline doit rendre un rapport d'activité à son patron. Pour le finaliser, elle a besoin d'informations détenues par Claude, un chic type que tout le monde sursollicite compte tenu de sa rigueur, de sa fiabilité et de son esprit d'équipe. Elle lui a déjà laissé trois messages téléphoniques (trois fois les mêmes) et envoyé deux e-mails (deux fois les mêmes) en une heure. Sans réponse de sa part, elle décide de se rendre directement à son bureau.

– Salut, Claude, t'as vu mes messages ?

– Hello, Pauline. Non, pas encore, je sors à l'instant de réunion.

– OK, j'ai besoin que tu m'envoies des éléments au plus vite !

– Je dois repartir en réunion, mon patron m'attend. Je t'envoie ça d'ici deux heures.

– Mais non, c'est pas possible. J'en ai besoin maintenant !

– Je comprends, mais mon patron m'attend.

– Mais c'est super urgent ! En plus, je t'ai envoyé trois messages et deux e-mails et tu n'as même pas répondu ! C'est pas possible ! J'ai un métier, moi. Et mon boss attend mon rapport. Sans toi, je ne peux pas le rendre !

## Définition

Le harceleur se caractérise par son incapacité à gérer son propre stress. Du coup, il le reporte sur les personnes qui l'entourent pour leur faire porter le poids de son impuissance.

Le harceleur n'est aucunement connoté sexuellement chez un profil opposant. Dans ce cas précis, il s'acharne sur ses proies parce qu'il est incapable de contrôler le stress qui l'habite. Par conséquent, il va faire pression sur ses interlocuteurs de telle sorte que ces derniers se mettent à son service ou réduisent leur activité pour lui apporter de la considération. Dans bien des cas, le harceleur justifie son action par la responsabilité qui lui incombe, étant incapable de prendre le recul nécessaire.

# À privilégier

## Faire preuve de calme absolu

Les harceleurs se révèlent dès lors qu'ils sont sous pression, qu'elle soit minime ou maximale. Alors, leur attitude commence généralement à se rigidifier et leur patience s'estompe. La frustration les gagne et finit par se traduire par du mécontentement, des comportements inadaptés et agressifs.

Le calme est la meilleure arme face à des gens excités. C'est un miroir déformant de ce qu'ils sont. Si leur interlocuteur adopte une attitude résolument sereine, les harceleurs peuvent prendre conscience de leurs comportements inadaptés. Et ainsi s'excuser d'avoir « dérapé ».

## Verbaliser sa propre émotion

Les harceleurs ne sont pas des véritables agressifs. La pression qu'ils appliquent se traduit très souvent par de l'agressivité, mais en tout cas, l'agressivité n'est pas recherchée.

Verbaliser ce que vous pouvez ressentir peut contribuer à faire prendre conscience à un harceleur de son comportement devenu agressif.

> – Mais non, c'est pas possible. J'en ai besoin maintenant !
> – Pauline, de ce que tu me dis, je comprends que ce soit urgent. Maintenant, sache que je me sens mal à l'aise quand on me parle comme ça.

Dans la verbalisation des émotions, il est important de parler de soi, avec l'usage du « je ». Ainsi, cela limite l'escalade potentielle. En utilisant le « tu me mets mal à l'aise », la charge de responsabilité pèse sur les épaules de Pauline, ce qui est plus difficile pour elle à accepter, car elle peut se sentir visée directement. L'usage de « je me sens mal à l'aise » préserve l'ego de Pauline, car Claude parle de lui avant tout. Il vise indirectement Pauline, mais fait en sorte d'éviter une attaque frontale. Le même message est donné, mais la forme aide à « faire passer la pilule ».

## Le faire relativiser

> – Mais c'est super urgent ! En plus, je t'ai envoyé trois messages et deux e-mails et tu n'as même pas répondu ! C'est pas possible ! J'ai un métier, moi. Et mon boss attend mon rapport. Sans toi, je ne peux pas le rendre !
>
> – Pauline, je viens de prendre connaissance des éléments dont tu as besoin. Sache que ce que tu me demandes a de l'importance pour toi seule. Ce qui est important pour toi ne l'est pas forcément pour moi ou les autres personnes de la boîte. Quoi qu'il en soit, je t'envoie ces éléments d'ici deux heures quand je sors de ma prochaine réunion. Et si cela ne convient pas à ton chef, qu'il se mette directement en relation avec le mien. Allez, à tout à l'heure.

Faire relativiser un harceleur permet de créer un électrochoc dans son mode de pensée. Il est clair que le message n'est jamais facile à entendre pour un harceleur, mais, en tout cas, il est nécessaire de le faire passer pour qu'il prenne conscience des conséquences de ses actes. Et si on lui laisse une porte de sortie (son chef appelle celui de Claude), il peut plus facilement accepter le message.

# À éviter

## Le recadrer de façon coercitive

> – Mais non, c'est pas possible. J'en ai besoin maintenant !
>
> – Ben, tu vas attendre comme tout le monde.
>
> – Mais je peux pas attendre justement. C'est super important.
>
> – L'excitée de service, tu vas attendre comme tout le monde, et si t'es pas contente, c'est pareil.
>
> – Je peux te dire que ça va chauffer pour ton matricule quand mon chef va apprendre à quel point t'es débile !

Si nous avons pu observer que par moments le recadrage coercitif peut stabiliser subitement des harceleurs faibles, il mène inéluctablement à l'escalade face à des harceleurs forts. Les harceleurs sont des impulsifs, conséquence directe d'une mauvaise gestion du stress. En adoptant des comportements tout aussi agressifs, la confrontation ne fait que renforcer leurs attitudes rigides et inadaptées, impactant directement la relation.

## Se soumettre

> – Mais non, c'est pas possible. J'en ai besoin maintenant !
>
> – Bon, OK, je vais m'en occuper tout de suite, mais je vais me faire tuer par mon chef.
>
> – Fais au mieux. Et dis-toi que je dois recevoir tes éléments dans vingt minutes max !
>
> – OK, OK...

La soumission est le terreau de l'esclavagisme. Si vous n'imposez pas de limites, l'autre vous imposera les siennes. Dites-vous qu'à chaque fois que vous vous achèterez la paix, ces petits abandons contribueront à produire un grand échec. Imposez-vous rapidement face à un harceleur. Si vous n'êtes pas un bon candidat au bouc émissaire, alors il tentera de trouver quelqu'un d'autre.

## Fuir

S'il est opportun de se préserver par moments en s'isolant loin d'un harceleur, vous ne faites que repousser le problème en réalité. Les harceleurs sont des rapaces avides, qui redoublent d'énergie pour débusquer leurs proies. C'est d'ailleurs pour cela qu'ils sont capables de laisser des messages téléphoniques et e-mails pour finalement se déplacer s'ils n'ont pas gain de cause.

À noter que la fuite est envahissante et fatigante. À éviter à tout prix la confrontation, le cerveau, sans cesse en alerte, tourne à plein régime sans se concentrer sur l'essentiel. Vous finirez par vous user. C'est-à-dire par arriver au résultat que vous tentiez au départ d'éviter.

# 8. L'ÉGOCENTRIQUE

Deux jeunes mamans prennent un café en terrasse.

- Si tu savais comme Hugo a fait des progrès. Tu sais, maintenant, il prononce parfaitement certains mots...

- Eh bien pareil pour Lucille. Tout le monde me dit qu'elle est en avance tellement elle s'exprime bien pour son âge ! Et encore, tu ne l'as pas vue chez le coiffeur ! Tu verrais ce qu'elle fait. Tout le monde est fan d'elle, tu sais.

- Elle doit être trop mignonne, ta petite...

- Tu n'imagines pas. Hier, à la boulangerie, on lui a même offert des chouquettes, tellement elle est mignonne. Et je t'ai dit comme elle monte facilement sur les chaises maintenant ?

- Non, tu ne me l'as pas dit. Au fait, je voulais te dire quelque chose...

- Eh bien, quand elle monte sur une chaise, elle prend la peine de s'assurer qu'elle n'est pas bancale. C'est fou, non ?

- Effectivement, c'est fou.

## Définition

Parmi les profils opposants que nous sommes amenés à gérer, l'égocentrique est l'espèce qui prolifère le plus rapidement. Inutile de dresser un rapport sociologique, l'individualisme sociétal grandissant devant fortement y contribuer. Un égocentrique se caractérise par sa tendance à tout ramener à lui-même. Il prend du plaisir à s'écouter parler, à ressasser ses réussites ou celles de ses proches et considère que ce qu'il a à dire a toujours plus d'importance. D'où sa faible capacité d'écoute et d'intérêt pour les autres.

À force d'être focalisé sur sa propre personne, il devient fortement aveugle aux signaux extérieurs, et notamment à l'agacement provoqué chez les autres. Là où l'égocentrique est vraiment déroutant, c'est qu'en lisant ces lignes, il ne voit pas que celles-ci sont le reflet de ce qu'il est. Cécité quand tu nous tiens…

# À privilégier

## L'ignorer légèrement

Les égocentriques sont constamment à la recherche d'attention. Ils trouvent de la reconnaissance et de la motivation dans l'intérêt que vous êtes prêt à leur consentir. Ce qui signifie que plus vous abonderez dans leur sens, plus ils se sentiront pousser des ailes.

Un des meilleurs moyens pour leur couper l'herbe sous le pied est de les ignorer légèrement. Par « légèrement », nous entendons feindre le désintérêt sans pour autant les offusquer.

> - Eh bien pareil pour Lucille. Tout le monde me dit qu'elle est en avance tellement elle s'exprime bien pour son âge ! Et encore, tu ne l'as pas vue chez le coiffeur ! Tu verrais ce qu'elle fait. Tout le monde est fan d'elle, tu sais.
>
> - C'est bien tout ça. Je vais me prendre un Coca, vu la chaleur. Tu prends quoi ?
>
> - Euh, ben, OK comme toi.
>
> - Très bien, ça nous fera du bien.

En réorientant la conversation sur un sujet futile (le Coca), on montre discrètement que le sujet en cours l'est tout autant.

## Casser la dynamique verbale

D'après notre expérience, les égocentriques sont friands de scoops et autres bruits de couloir. En fait, ce sont les « réserves » qu'ils constituent en vue de prochains échanges. Plus ils collectent du sensationnel, plus ils seront capables de tenir des conversations sans fin qui justifieront, à leurs yeux, un tel débit de paroles.

Un autre moyen pour les déstabiliser est de provoquer une sorte d'électrochoc dans le but de casser leur dynamique verbale.

> – Eh bien pareil pour Lucille. Tout le monde me dit qu'elle est en avance tellement elle s'exprime bien pour son âge ! Et encore, tu ne l'as pas vue chez le coiffeur ! Tu verrais ce qu'elle fait. Tout le monde est fan d'elle, tu sais.
> – Tu veux que je te dise quelque chose ?
> – Quoi ?
> – T'as entendu le dernier projet de loi sur les amortisseurs sociaux ?
> – Non, c'est quoi ?

Les amortisseurs sociaux sont volontairement mis sur la table, car ils ne présentent aucun rapport avec la conversation en cours. L'objectif est ici de dérouter l'égocentrique pour le couper net dans sa lancée.

## Verbaliser sa propre émotion

> – Eh bien pareil pour Lucille. Tout le monde me dit qu'elle est en avance tellement elle s'exprime bien pour son âge ! Et encore, tu ne l'as pas vue chez le coiffeur ! Tu verrais ce qu'elle fait. Tout le monde est fan d'elle, tu sais.
> – Ça me frustre de ne pas pouvoir te parler plus d'Hugo, tu sais ?
> – Ah bon, mais pourquoi ?
> – Je sais que Lucille est en avance, mais j'ai besoin que tu voies les progrès d'Hugo aussi, tu sais. C'est important pour moi. Tu es mon amie.
> – Excuse-moi, je n'ai pas fait gaffe.

Si les égocentriques sont particulièrement prolixes quand il s'agit de parler d'eux, ils le sont beaucoup moins dès lors qu'ils sont déstabilisés. Par l'expression de votre propre ressenti, vous pouvez espérer toucher une corde sensible chez un égocentrique, qui fera vibrer sa culpabilité. Sachez cependant que cela ne dure jamais très longtemps, mais libre à vous de réutiliser cette « arme » dès que la situation se présentera.

# À éviter

## Surenchérir

> – Eh bien pareil pour Lucille. Tout le monde me dit qu'elle est en avance tellement elle s'exprime bien pour son âge ! Et encore, tu ne l'as pas vue chez le coiffeur ! Tu verrais ce qu'elle fait. Tout le monde est fan d'elle, tu sais.
> – C'est pas vrai ?
> – Si, je te jure ! Et tu sais ce qu'elle a fait chez le boucher ?
> – Non, dis-moi !

Sauf si vous comptez lui faire comprendre par la moquerie qu'il vous « gonfle », la surenchère est une approche que nous vous déconseillons d'utiliser. Un égocentrique entre aisément en compétition. Il s'en nourrit d'ailleurs, ce qui lui permet de justifier une telle logorrhée. Ne lui laissez donc pas cette opportunité. À défaut de pouvoir le faire changer, au moins vous limitez ses élans verbaux.

## Se moquer

> – Eh bien pareil pour Lucille. Tout le monde me dit qu'elle est en avance tellement elle s'exprime bien pour son âge ! Et encore, tu ne l'as pas vue chez le coiffeur ! Tu verrais ce qu'elle fait. Tout le monde est fan d'elle, tu sais.
> – T'en as pas marre de tout ramener à toi, hein ?

Si l'on peut admettre que la moquerie stoppe immédiatement toute velléité inflationniste chez un égocentrique, il faut cependant en assumer les conséquences. La relation s'en trouve fortement dégradée, avec tout ce que cela peut entraîner par la suite.

## Recourir aux réponses longues

Les égocentriques cherchent à se saisir des perches tendues involontairement par leurs interlocuteurs. Les phrases longues et élaborées sont donc de formidables opportunités pour eux. Si, bien évidemment, la conversation perd de son cachet et de son intérêt, il est vivement recommandé d'utiliser des phrases courtes, notamment quand la confrontation avec un égocentrique est inéluctable. Ainsi, vous confinez les sujets annexes pour faire en sorte de recentrer la conversation sur un sujet important.

# 9. LE RÉFRACTAIRE AU CHANGEMENT

Une grande entreprise est sur le point d'amorcer un virage qui impactera profondément les métiers et les organisations. La direction, comptant sur l'implication des salariés, décide de solliciter un intervenant sur la conduite du changement. Aujourd'hui, le groupe à accompagner est composé de douze personnes, dont l'ancienneté est supérieure à quinze ans dans l'entreprise.

– Pensez-vous que le changement soit nécessaire pour faire face à la concurrence ?

– Non. On est bien comme on est. Je vois pas l'intérêt de changer.

– Les espèces qui ont survécu lors des grands changements climatiques sont celles qui ont réussi à s'adapter. Car, qu'on le veuille ou non, le monde est en perpétuel mouvement.

– Moi, ça fait dix-neuf ans que je suis là, j'ai toujours été dans mon bureau, et j'y suis très bien. Je comprends pas votre truc avec les espèces. Si vous parlez des dinosaures et des météorites, ils sont tous morts, les dinosaures.

– Bon, OK. Imaginez que pour survivre l'entreprise doive prendre des décisions structurantes.

– Ça veut dire quoi « structurantes » ? On a toujours bien fonctionné comme ça. Pourquoi ça changerait ? Si on change tout, évidemment que ça va être le bordel ensuite. Notamment, si on change tous de bureau et de poste. C'est ça, le vrai souci.

# Définition

Le réfractaire au changement se caractérise par son inflexibilité singulière à vouloir évoluer avec son environnement. Il campe ainsi sur des positions fermes et s'oppose aux tentatives plus ou moins enthousiastes des partisans du changement.

Ce refus est très souvent la résultante d'une peur latente, fût-elle irrationnelle ou rationnelle. Par définition, le changement fait peur, car il charrie l'inconnu et l'incertitude. Un réfractaire au changement perçoit avant tout deux mondes qui s'opposent. L'un confortable et paisible, menacé par un autre, violent, rapide et mouvant. Il s'accroche alors, avec les moyens qui sont les siens, à son monde paisible en espérant que l'autre monde ne l'atteindra pas. Il comprendra tardivement que plus il s'accroche, plus il souffrira face à un changement inéluctable.

# À privilégier

## Donner du sens via des projections simples

Les réfractaires font souvent partie de ces groupes de personnes qui sont incapables de s'élever au-dessus de leurs intérêts personnels pour considérer les choses différemment. Ainsi, les paraboles ou le décalage, qui sont des outils pour stimuler la réflexion des individus en général, sont souvent incompris ou mal interprétés par les réfractaires au changement.

La mise à niveau ne peut ainsi se faire que via l'usage de projections simples et aisément assimilables. Leur parler de leur quotidien est accueilli bien plus favorablement qu'évoquer des thèses évolutionnistes ou phylogénétiques.

> – Pensez-vous que le changement soit nécessaire pour faire face à la concurrence ?
>
> – Non. On est bien comme on est. Je vois pas l'intérêt de changer.
>
> – Très bien. Si vous deviez déménager à 500 mètres d'ici, car la mairie nous signale la découverte d'anciennes carrières précisément sous nos bureaux, pensez-vous que cela serait nécessaire ?

> – Évidemment, si nos bureaux sont menacés, on va pas rester là comme des débiles à attendre que tout s'effondre !
>
> – Je vous donnerais la même réponse si vous deviez me poser cette question. Maintenant, si la concurrence menaçait de faire effondrer ce que nous avons construit jusqu'à présent, vous préféreriez attendre que cela se passe ou agir pour l'éviter ?
>
> – Ben, agir évidemment.

En donnant du sens, via une projection simple, à votre action, vous pouvez dès lors faire adhérer et entraîner le réfractaire un peu plus loin dans la compréhension de mécanismes un peu plus complexes. Sans cet ancrage qui justifie votre action, vous ne pourrez espérer une collaboration future et nécessaire.

## Faire émerger les peurs

Comme évoqué précédemment, c'est la peur de l'inconnu qui freine le réfractaire. L'inconnu étant plus aisément associé au mal qu'au bien dans nos sociétés, on le repousse alors pour éviter de le rencontrer.

Un excellent moyen de faire face à l'inconnu est de faire remonter les peurs à la surface. Comme l'inconnu est précisément impalpable, les peurs associées sont nécessairement irrationnelles. En soignant ces peurs irrationnelles, l'inconnu pourra être perçu différemment, tout du moins pas nécessairement de façon négative.

> – Moi, ça fait dix-neuf ans que je suis là, j'ai toujours été dans mon bureau, et j'y suis très bien. Je comprends pas votre truc avec les espèces. Si vous parlez des dinosaures et des météorites, ils sont tous morts, les dinosaures.
>
> – Dites-moi, que pouvez-vous craindre du changement par rapport à votre situation ?
>
> – J'en sais rien. On est bien comme on est. On n'a pas envie de changer.
>
> – Et si on devait changer, pour une raison ou pour une autre, qu'est-ce que cela provoquerait dans votre quotidien ?
>
> – On sait comment ça marche. On licencie, on gèle les salaires, voire on déménage à l'autre bout de Paris.

Il faut toujours considérer que le refus de changer est une façade qui cache des peurs ou expériences singulières. À vous de comprendre ce qu'il y a derrière le décor.

## L'impliquer dans le changement

On ne peut espérer faire changer les êtres si on les laisse sur le bord de la route. Impliquer un réfractaire signifie lui confier une mission qu'il aura à cœur de valoriser par la suite.

> – On sait comment ça marche. On licencie, on gèle les salaires, voire on déménage à l'autre bout de Paris.
>
> – Voici ce que je te propose. L'entreprise a créé un petit groupe de travail dédié au maintien des conditions de travail à la suite des prochains changements organisationnels. Je pense qu'il serait judicieux que tu y participes pour faire en sorte que ce dont tu me parles ne se produise pas. Qu'en penses-tu ?
>
> – Ben, j'en sais rien, il faut que je réfléchisse.
>
> – Je comprends. Prends ton temps. Et si tu ne le fais pas pour toi, fais-le pour l'entreprise.

Il est toujours plus difficile de refuser d'avancer quand on est à l'initiative du changement. En impliquant un réfractaire, il devient ainsi acteur de son propre changement. Même si, dans le cas présent, l'entreprise est contrainte de déménager, par exemple, lorsque vous impliquez un réfractaire en amont, s'il juge par lui-même que le déménagement est inévitable, il deviendra votre meilleur ambassadeur auprès des personnes encore réfractaires.

# À éviter

## Passer en force

La force que vous emploierez à faire plier un réfractaire sera inversement proportionnelle à celle qu'il déploiera pour résister. Les méthodes coercitives ne produisent que des résultats court-termistes. Certes le pouvoir peut contraindre un réfractaire à se soumettre, mais vous paierez le prix de son inaction future et de sa chute de productivité. Que ce soit dans un cadre professionnel ou un autre, les réfractaires seront tentés de saboter le système pour se venger ou faire entendre leur opinion. Cela peut se traduire par des grèves, une chute de productivité, un arrêt maladie, un conflit ou simplement le fait de bouder.

## Parler de finalité plutôt que de moyen

Il est important de faire comprendre aux réfractaires que le changement s'inscrit dans une palette d'outils afin de satisfaire un objectif fixé. Ainsi le changement doit toujours être considéré comme un moyen et jamais comme une finalité. S'il devient une finalité aux yeux d'un réfractaire, ce dernier ne peut que cristalliser ses peurs autour d'un inéluctable et durable changement. Évitez donc de parler d'objectif final, mais plutôt de période transitoire pour un intérêt supérieur : conditions de travail, santé financière, équité…

## Stigmatiser

Les réfractaires savent qu'ils sont réfractaires. En les stigmatisant, via l'isolement, la dénonciation, la critique, l'abandon ou encore la moquerie, ils tendent à rigidifier leur comportement. Tout simplement parce qu'ils sont touchés dans leur orgueil. Épouser soudainement le changement serait psychologiquement destructeur pour eux puisqu'ils s'inscrivent en fervents détracteurs depuis le début. Et cette opposition ne peut être que renforcée si elle est stigmatisée. Seuls l'implication du réfractaire et le sens que vous donnerez à la démarche entreprise pourront conduire à une acceptation du changement.

## Et les autres alors ?

Raisonnablement, d'autres profils opposants peuvent vous venir à l'esprit. Et c'est bien normal. Les 9 profils que nous avons choisi de présenter ont été établis selon les deux critères suivants :

- la récurrence : ce sont les profils que nous avons le plus rencontrés au travers de nos expériences respectives ;
- le socle référent : ces 9 profils sont des *référents* pour aborder d'autres profils opposants similaires ou différents. En comprenant le mode de fonctionnement de ces 9 profils et les réponses idoines pour les gérer, nous considérons qu'il est tout à fait possible d'agir auprès de n'importe quel profil opposant. À titre d'exemple, une petite grille explicative. À gauche du tableau, vous trouverez des exemples d'*autres profils opposants*. À droite du tableau, les *profils opposants référents* vers qui se tourner pour les gérer au mieux.

| Autre profil opposant | Profil opposant référent |
| --- | --- |
| Lunatique | Ventre mou |
| Attentiste | Ventre mou |
| Fainéant | Girouette et ventre mou |
| Langue de vipère | Critique et mauvaise foi |
| Négatif | Critique |
| Menteur | Mauvaise foi |
| Amnésique | Girouette et mauvaise foi |
| Résigné | Critique et ventre mou |
| Compétiteur | Harceleur |
| Jouteur | Harceleur |

3

# 8 PROFILS DIFFICILES

Le terme « profil difficile » ou « personnalité difficile » est très largement utilisé pour caractériser des individus présentant des difficultés relationnelles. Que la personne répugne à la tâche, quelle soit agressive, lente ou lunatique, elle se voit généralement affublée du qualificatif « difficile ».

Nous considérons qu'un profil est dit « difficile » dès lors que certains traits de caractère sont trop figés ou trop marqués, provoquant une inadaptation par rapport à la situation présente. De plus, cette rigidité est une constante sur laquelle il ne peut lui-même agir, générant de la souffrance pour lui-même ou autrui. Si un profil opposant entrave volontairement la relation, sauf cas spécifiques, le profil difficile agit involontairement et inconsciemment.

Il existe deux grands systèmes de classification des troubles de la personnalité en psychiatrie : le DSM-4 (Diagnostic and Statistical Manual of mental disorders) de l'association américaine de la psychiatrie et la CIM-10 (Classification internationale des maladies) de l'OMS.

Nous avons choisi de conserver volontairement les appellations internationales de ces profils pour plus de cohérence et d'harmonie. Cependant, la façon de les gérer ne relève que de notre expérience.

# 1. LE NARCISSIQUE

Entretien de recadrage au sein d'une petite PME. Pierre, le directeur général, tiré à quatre épingles, s'adresse à Jean, son N-1 et directeur financier, vêtu de façon austère et négligée :

– Jean, il faut que tu refasses tous tes tableaux de suivi. C'est pas du boulot. Comment tu crois que j'ai réussi ? En faisant du travail de qualité, c'est tout !

– Mais...

– Écoute-moi et ne me coupe pas la parole, c'est particulièrement désagréable. Si les gens considèrent que je suis un excellent DG, c'est qu'ils trouvent très certainement en moi des capacités qu'ils n'ont pas. C'est pour ça que je les guide également. Comme je le fais pour toi. Ma première voiture de fonction, je l'ai eue à 23 ans. Ce qui était quelque part normal, vu mes résultats et les performances affichées. Tu comprends ce que je viens de te dire ?

## Définition

Les narcissiques sont des êtres à part, tout simplement parce qu'ils se considèrent au-dessus des autres. Ils vivent avec un sentiment constant d'être exceptionnels et meilleurs que la populace. Cet état charrie régulièrement de l'arrogance, de la vantardise, du mépris et de la suffisance.

Les narcissiques sont animés par une quête de succès, quel que soit le domaine. Ambitieux, ils s'évertuent à la tâche de façon impérieuse pour réussir et atteindre un but ultime : être admirés. Les narcissiques, compte tenu de leur très grande estime d'eux-mêmes, sont intolérants à la critique. Ils sont ainsi prompts à la colère pour soulager une frustration difficilement tolérable.

Tout comme les profils psychopathiques, les narcissiques sont peu enclins à l'empathie et usent beaucoup de la relation pour manipuler leur prochain. Ils ont une fâcheuse tendance à considérer que ce qu'ils ont leur est dû et que ce qu'ils n'ont pas encore leur est tout de même dû. Leur vision du monde reste très manichéenne : admirés ou admirateurs. Bien évidemment, ils font partie des admirés, mais peuvent par moments admirer certaines personnes, qui sont généralement des narcissiques en puissance. Ils méprisent par conséquent tous ceux qu'ils ne considèrent pas comme étant de leur rang.

Pour finir, les narcissiques soignent volontiers leur apparence. Cela fait partie de l'arsenal nécessaire pour être admiré.

# À privilégier

## Être irréprochable

La cognition des narcissiques pourrait se traduire par le clivage *supériorité* et *infériorité*. Comme ils estiment appartenir à la classe des individus supérieurs, ils s'arrogent ainsi le droit naturel de pouvoir juger les autres. Si bien évidemment le jugement qu'ils portent reste relatif, ils le nourrissent en comparant de l'être qu'ils sont et des êtres qu'ils côtoient. Tout écart conduit ainsi au mépris et à la déconsidération.

Pour éviter de leur donner le change, il faut tout simplement être irréprochable sur le fond et la forme. Ainsi, la machine *supériorité/infériorité* tournera beaucoup moins vite, voire s'arrêtera net.

> Entretien de recadrage au sein d'une petite PME. Pierre, le directeur général, tiré à quatre épingles, s'adresse à Jean, son N-1 et directeur financier, vêtu étrangement de manière élégante et raffinée :
> - Jean, t'as changé de femme ?
> - Pourquoi vous me dites ça ?
> - T'es pas habillé comme d'habitude.
> - Ça vous plaît ?
> - Ouais, c'est pas mal.
> - Vous vouliez me voir concernant mes tableaux ?

> – Oui, c'est beaucoup mieux. Évidemment, il y a des trucs à revoir, mais,
> tu vois, quand tu fais du boulot comparable au mien, tu prends la
> bonne direction...

Face à un narcissique, être irréprochable signifie : arriver toujours à l'heure, avoir une tenue soignée, respecter les règles d'usage, user du bon stock verbal ou encore s'effacer quand il le faut. Contrairement aux psychopathes, les narcissiques ne sont pas intolérants vis-à-vis des lois ou des règles.

## Montrer subtilement de l'intérêt pour ses réussites

Les narcissiques vivent pour être admirés. S'ils peuvent mépriser leurs admirateurs (relation de supériorité), ils savent pertinemment qu'ils ont besoin d'eux pour exister. Quant à ceux qui les ignorent, ils ont tout simplement tendance à les détester ou à chercher leur admiration. Il existe une frontière subtile entre l'admiration inconsidérée et l'indifférence profonde : l'intérêt subtil.

> – Vous avez eu votre première voiture à l'âge de 23 ans ? Quel poste
> occupiez-vous ?
> – J'étais premier vendeur de France chez Le Roi de la Patate !

Dans l'exemple ci-dessus, un admirateur s'extasierait sur le fait que Pierre ait eu une voiture tôt. À l'inverse, un indifférent changerait de sujet. En orientant le sujet sur le poste qui pourrait justifier une voiture à cet âge, vous montrez de l'intérêt sans pour autant tomber dans l'admiration futile. Ce qui vous donnera toujours l'avantage d'être considéré différemment par un narcissique.

## Provoquer la prise de conscience

La vision étriquée des narcissiques les empêche d'apporter de la nuance à leur jugement. Par conséquent, ils sont enclins à réagir de façon très binaire : bien ou pas bien. Les aider à comprendre comment les autres fonctionnent peut contribuer à atténuer le clivage *supériorité/infériorité*.

– J'étais premier vendeur de France chez Le Roi de la Patate ! Je les ai tous écrasés, et en plus de ça, tous les ans, j'étais élu meilleur vendeur !

– Félicitations. Bon, après, ceux qui ne cherchaient pas la première place n'ont pas été réellement écrasés quand on y pense.

– Comment ça ?

– Avant de venir dans cette boîte, j'étais dans une entreprise où les gens travaillaient très bien ensemble, mais ne cherchaient pas la première place. Non pas qu'ils soient moins bons qu'ici, ils étaient simplement moins tournés compétition.

– Ça peut pas marcher, ce système !

– Tous les ans, la boîte affichait une croissance supérieure à 10 %. Non pas que leur système soit meilleur que le nôtre, c'est simplement un autre système qui fonctionne également bien. Qu'on l'aime ou qu'on ne l'aime pas.

Dans cet exemple, le but n'est pas de convaincre Pierre du bien-fondé d'un système non compétitif, mais simplement de lui faire prendre conscience d'une autre approche aux résultats comparables, voire supérieurs.

# À éviter

## Entrer en compétition

Le narcissique est un être profondément tourné vers la compétition. Il considère d'ailleurs que s'il a réussi, c'est que les autres ont échoué. Comme il a à cœur d'être le meilleur pour être admiré par la suite, si quelqu'un devait lui faire de l'ombre, il ne le supporterait pas.

Le fait de vanter ses propres réussites face à un narcissique est un excellent moyen pour conduire à l'escalade. Ce qui veut dire que, sauf si vous souhaitez vous l'aliéner, il est fortement recommandé de rester discret sur ses succès. Le narcissique n'est pas un bon joueur et il n'hésitera pas à user de la manipulation pour gagner. Donc, un bon conseil, effacez-vous et rangez votre ego.

## Se moquer de lui

Si très peu de personnes au monde apprécient la moquerie, chez le narcissique, c'est un des pires opprobres que vous pourrez lui infliger. Comme il ne vit que pour être admiré, la remise en cause de ce qu'il est déclenchera chez lui une colère incontrôlée. Sa vengeance pourra être aussi malicieuse que théâtrale.

## S'acheter ses bonnes grâces

Même si cela peut être tentant, s'acheter les bonnes faveurs d'un narcissique n'est guère rentable. Beaucoup caressent les narcissiques dans le sens du poil en espérant ainsi entrer dans le cercle des admis, c'est-à-dire être considérés. Si les narcissiques peuvent se délecter de ces attentions, ce n'est pas pour autant qu'ils leur accordent de la considération. Les narcissiques estiment avant tout les personnes pour leurs qualités intrinsèques (compétences, charisme, succès, richesse…), et non pas pour les faveurs qu'on leur prodigue. Gardez bien en tête qu'ils jugent normale l'attention qu'on leur porte, puisqu'ils se sentent supérieurs aux autres. Quand le moment arrive à point nommé et qu'ils ont besoin d'aide, d'une faveur ou tout simplement d'un juste retour des choses, beaucoup ne réalisent que trop tardivement que les narcissiques ne sont pas prêts à leur retourner l'ascenseur. La notion d'échange ou de service relève très souvent du mythe pour un narcissique.

# 2. LE PARANOÏAQUE

Réunion d'entreprise dans un hôtel au vert. Le chef de service annonce à son équipe, composée d'une centaine de personnes, que toutes les chambres sont équipées de télévisions, de minibars et de baignoires spacieuses, au grand bonheur des salariés. Cependant, l'un d'eux prend la parole :

– Pourquoi vous mettez des télévisions dans nos chambres ?

– Ben, pour votre confort... Je ne comprends pas votre question.

– À un moment, il faut arrêter de penser qu'on est bêtes. C'est pour qu'on reste dans nos chambres, ce que vous faites, et qu'on ne discute pas entre nous.

– Mais non. Comment vous pouvez dire ça ? J'ai juste pensé à votre confort.

– On connaît bien les techniques de direction. Isoler les salariés pour éviter qu'ils se regroupent et forment un contre-pouvoir face à la direction !

## Définition

Le paranoïaque se caractérise par la méfiance exacerbée qu'il peut manifester à l'égard des individus ou du contexte. Alerte, prudent et ombrageux, il fait preuve de réserve en toute circonstance. Si le négatif ou le critique peuvent considérer le verre à moitié vide, le paranoïaque s'interroge sur les raisons de lui présenter un verre. Et l'analyse qu'il livrera vous inculpera très certainement.

Les paranoïaques sont peu enclins à l'humour et facilement susceptibles. S'ils ont cette inclinaison naturelle à distordre la réalité, ils se considèrent eux-mêmes comme irréprochables, honnêtes et loyaux. C'est avant tout l'autre qui est sournois et malicieux pour un paranoïaque. En termes d'expressivité émotionnelle, ils se livrent très peu et préfèrent agir dans l'ombre, sauf quand ils estiment une situation intolérable. C'est ainsi qu'ils s'insurgeront face à un groupe baignant dans le bonheur pour faire entendre leurs constantes revendications. Et pour finir, les paranoïaques mettent rarement en pratique ce qu'ils professent. Ils usent et abusent du mensonge et de la manipulation pour exister dans un monde qu'ils rejettent.

# À privilégier

## Utiliser des messages courts et univoques

Par définition, les paranoïaques font feu de tout bois. Plus vous produirez des messages longs, plus ils auront d'opportunités de vous mettre des bâtons dans les roues. Pour se mettre dans les meilleures dispositions et limiter l'interprétation, il est nettement préférable d'utiliser des messages courts et univoques.

> - Pourquoi vous mettez des télévisions dans nos chambres ?
> - Pour le confort de tous.
> - C'est pour qu'on reste dans nos chambres, ce que vous faites, et qu'on ne discute pas entre nous.
> - C'est-à-dire ?
> - Ben, si chacun regarde la télé, personne ne sort de sa chambre et donc vous nous isolez !
> - Très bien. Je vais aller à la réception. Qui ne souhaite plus de télé dans sa chambre ?

Ce conseil sur la forme est primordial pour espérer gérer convenablement un paranoïaque. Il est bien évidemment nécessaire de le coupler avec des messages forts sur le fond.

## Profiter des règles établies

Comme évoqué précédemment, le paranoïaque s'estime droit, exemplaire et honnête. Son discours est d'ailleurs basé sur l'estime qu'il a de lui-même et le décalage qu'il établit en altérant la réalité ou les intentions des gens. En faisant référence à la loi ou aux règles établies, le paranoïaque n'est plus en opposition avec les autres, mais avec ce qu'il proclame, c'est-à-dire lui-même. Et c'est précisément ça qui fait la différence !

> – Ben, si chacun regarde la télé, personne ne sort de sa chambre et donc vous nous isolez !
> – Très bien. La liste des hôtels a été établie conjointement avec le CE. Et l'hôtel dans lequel nous sommes fait partie de cette liste. Vous souhaitez que cet hôtel ne figure plus dans cette liste ?
> – Si c'est un hôtel du CE, pas de souci alors...

Dans le cas présent, s'il s'oppose aux chambres ou à l'hôtel, le paranoïaque s'oppose à la liste des hôtels qui a été validée et acceptée par l'entreprise et notamment le CE. Ce qui est contraire à son mode de fonctionnement.

## Être irréprochable

La vision sournoise du paranoïaque se nourrit constamment des intentions malhonnêtes qu'il prête aux autres. Tout est bon pour alimenter ses sens en éveil. Un moyen de lutter contre cette paranoïa est tout simplement de jouer la carte de l'irréprochabilité. Ce seront autant de grains à moudre en moins pour le paranoïaque. Par « irréprochable », nous entendons : faites ce que vous dites et faites-le savoir ; soyez tout le temps à l'heure ; soyez poli ; devenez un exemple pour les autres (les autres vous défendront par la suite) ; répondez-lui dans des délais courts…

Nous avons déjà observé des paranoïaques devenus admiratifs de personnes qu'ils méprisaient auparavant. C'est, entre autres, l'irréprochabilité qui a rendu possible le changement.

# À éviter

## L'évitement

Sauf cas extrêmes, l'évitement est malheureusement une mauvaise solution. Les narcissiques sont des personnes extrêmement sensibles à leur environnement et aux personnes qui les entourent.

Dès lors que vous jouez la distance, ils le verront très rapidement. Ce qui, par voie de conséquence, accélérera leur paranoïa. En règle générale, l'évitement est vécu de trois façons face à un paranoïaque :

- le mépris : « S'il m'évite, c'est que je ne suis pas assez important à ses yeux ! »
- le complot : « C'est ce que je pensais, il prépare quelque chose ! »
- la méfiance : « Il a changé, il est plus distant. Je vais me méfier encore plus ! »

Il est donc préférable de garder le contact, même si ce n'est jamais très simple.

## Les sujets litigieux

Les paranoïaques sont des jouteurs habiles et têtus. Plus le sujet est litigieux, plus ils prennent un malin plaisir à s'illustrer par la confrontation. Ils s'engagent alors dans une bataille qu'ils livreront jusqu'à ce que leurs adversaires aient cédé. Le *best of* des sujets litigieux : la politique, l'éducation des enfants, le sport, les valeurs républicaines, l'argent, la propreté, la sécurité…

Un bon conseil, évitez au maximum ces sujets. Si la décence vous impose de vous taire lors d'un repas de famille pour ne pas embraser l'atmosphère, le paranoïaque y verra une formidable opportunité de faire entendre son opinion.

## L'humour

Le paranoïaque vit dans un monde terne et morne. Il souffre psychologiquement et constamment de la droiture qu'il s'impose. C'est en quelque sorte un paladin, ayant fait vœu de chasteté, face aux infidèles heureux. L'humour est précisément ce que le paranoïaque ne peut s'autoriser. Il renferme la spontanéité, la gaieté, l'éclatement des frontières et la remise en question. L'usage de l'humour provoque généralement des comportements erratiques ou rigidifiés chez un narcissique. Si l'humour est en plus utilisé pour mettre en exergue ses défauts, vous devenez alors l'ennemi public numéro 1 du paranoïaque.

# 3. L'HISTRIONIQUE

Deux amies se promènent dans un centre commercial. Deborah est vêtue de manière provocante et cherche le regard des autres. Sophie est habillée de façon plus conventionnelle. Elles entrent dans une boutique de vêtements. Deborah s'arrête devant une robe et s'écrie :

– T'as vu le prix de cette robe ? C'est n'importe quoi !

– C'est vrai qu'elle est chère. Mais c'est une robe de qualité, répond Sophie d'un ton calme, gênée par les propos bruyants de son amie.

– C'est n'importe quoi ! Qui peut acheter ça ? Regarde ma robe, je l'ai achetée trois fois moins cher et elle est dix fois plus belle !

Une vendeuse s'approche alors, un sourire forcé aux lèvres.

– Bonjour, puis-je vous aider ?

– Vous ne pouvez pas. Je faisais remarquer à mon amie à quel point vos robes étaient chères ! rétorque aussitôt Deborah.

– Vous le faites remarquer à tout le magasin d'ailleurs. Vous cherchez quelque chose en particulier ?

– Non, rien du tout, répond Deborah.

## Définition

L'histrionique cherche par tous les moyens l'attention des autres. Pour cela, ce profil difficile use de la théâtralisation, de la dramatisation et de la séduction pour attirer le regard et ainsi être le centre de l'attention. Avant d'utiliser le terme « histrionique », on parlait d'« hystérie ». C'est Hippocrate, médecin grec, qui fut le premier à proclamer que cette maladie était réservée aux femmes. L'hystérie est un terme dérivé du mot « utérus ». Il était admis que l'utérus, organe féminin, provoquait des crises émotionnelles fortes accompagnées de phobies. La médecine évolua et l'on réalisa que cela n'avait rien à voir avec l'utérus et que des hommes pouvaient souffrir de ces maux. À noter cependant que la prédominance est fortement féminine.

Les histrioniques exercent une pression constante sur leur environnement pour susciter la curiosité, l'envie ou même la colère. Ils cherchent avant tout à exister via le regard des autres. D'une expressivité émotionnelle à forte amplitude, ils passent très facilement du rire aux larmes, de l'euphorie à la tristesse. Prompts aux mensonges et à la manipulation, ils altèrent le monde dans lequel ils vivent pour justifier leurs comportements théâtraux. Les histrioniques présentent également une incapacité à analyser, à se concentrer ou même à solliciter leurs facultés cognitives. Ils communiquent par bribes d'impressions, de pulsions ou d'intuitions sans fondements précis ou données factuelles.

# À privilégier

## Accepter d'être sublimé et dévalorisé

Une des caractéristiques principales de l'histrionique est le changement brutal de perception. Par moments, vous pourrez être admiré. Et quelques minutes plus tard, être profondément dévalorisé, voire insulté. En acceptant le fait que les histrioniques ne peuvent malheureusement pas apporter la nuance nécessaire à leurs perceptions et propos, du moins dans un premier temps, vous êtes alors capable de ranger votre ego dans votre poche. Dites-vous qu'ils font tout cela pour simplement exister.

> – T'étais obligée de faire autant de bruit dans la boutique, Deborah ?
> – T'es ma meilleure copine, mais je déteste quand tu me parles comme ça ! Je fais ce que je veux ! T'es aussi débile que la vendeuse, tu sais !
> – Allez, viens, on va boire un verre. Je connais un endroit qui va te plaire !

## Susciter l'intérêt

L'hyperactif a un point commun avec l'histrionique : la peur de l'ennui. Pour cela, il passe d'une activité à une autre pour aller en extraire la substance. On pourrait le comparer à un vampire, où la curiosité et l'intérêt se substituraient au sang.

Afin de canaliser les élans histrioniques et s'assurer une écoute optimale, il est nécessaire de l'aiguiller vers des activités présentant un intérêt certain pour lui. Cela peut correspondre à lui proposer de partager un sujet qu'il connaît bien, à l'impliquer dans une tâche dans laquelle il excelle, à solliciter son expertise sur un sujet donné ou encore à le surprendre agréablement. Ainsi, vos messages passeront toujours plus facilement et il vous écoutera toujours différemment.

> – Allez, viens, on va boire un verre. Je connais un endroit qui va te plaire !
>
> – C'est quoi, ton endroit ?
>
> – Tu verras quand on y sera. Je peux juste te dire que quand tu le connaîtras, tu voudras tout le temps y revenir.
>
> – Vas-y, dis-moi !
>
> – Mais on y va, sois patiente. T'es d'accord pour dire que tu faisais un peu trop de bruit dans la boutique ?
>
> – Arrête avec ça, tu sais que c'est plus fort que moi...

## Valoriser les comportements adaptés

Les comportements excessifs des histrioniques sont la résultante d'un manque flagrant de confiance en soi. Ils adoptent ainsi des attitudes provocatrices pour chercher la rassurance et le regard admiratif. Ce cache-misère n'est cependant pas suffisant pour restaurer le peu d'estime qu'ils ont d'eux-mêmes. S'ils cherchent des compliments, ils les abandonnent aussitôt pour les rationaliser : « Ils ne pensent pas ce qu'ils disent, ils n'en veulent qu'à mon corps. S'ils savaient dans quel état de dépravation je suis, je ne sais même plus pourquoi je fais tout ça... » Ces ambivalences les torturent, les projetant dans des spirales sans fin.

En valorisant des comportements adaptés par rapport à ce que requiert le contexte, vous ne mettez pas fin à leurs tortures, mais vous contribuez à les apaiser. Cela leur permet surtout de considérer les choses différemment : « Je peux être reconnu sans pour autant faire tout un cirque. » Ainsi, en usant d'une rhétorique adaptée, bienveillante et sans jugement, vous atténuez des comportements excessifs pour donner leur chance à des attitudes idoines.

– Il est génial, ton endroit !

– Je te l'avais dit.

– Effectivement, je suis impressionnée !

– Tu sais quoi ?

– Quoi ?

– Quand tu apprécies les choses comme ça, de façon très spontanée et naturelle, ça me fait chaud au cœur.

– Qu'est-ce que tu entends par là ?

– Simplement, quand tu me dis que tu adores cet endroit, sans le faire savoir à tout le monde, je te trouve encore plus top que d'habitude.

– Merci, c'est gentil...

# À éviter

## Le dévaloriser

S'il peut être tentant de dévaloriser un histrionique pour le « ramener sur terre », l'effet est généralement inverse. Les attitudes tendent à se rigidifier et l'amplitude des excès à s'intensifier. C'est simplement destructeur pour lui. Vous attaquez l'image qu'il construit au quotidien. Il est toujours préférable de s'attaquer au fond qu'à la forme.

## Se laisser séduire

Face à un histrionique, le risque majeur est de se laisser attendrir par ses douces tentatives de séduction. Les histrioniques sont d'habiles manipulateurs et usent de la relation pour parvenir à leurs fins. Une belle femme aguichante ou un homme difficilement saisissable peuvent contribuer à brouiller notre lucidité.

Les personnes séduites par des histrioniques ne comprennent plus les comportements excessifs, mais les cautionnent par le biais de la rationalisation : « Après tout, c'est sa personnalité d'être grande gueule, et vu comme elle est belle, ça lui permet de ne pas être parfaite. »

Si l'on compare les histrioniques à des vampires, leurs proies mordues deviennent alors des disciples aveugles, acceptant les comportements inadaptés de leurs maîtres. À noter que « mordues » ne signifie pas nécessairement « consommées ». Les histrioniques entretiennent constamment des rapports de séduction et passent rarement à l'acte. Ils savent pertinemment que la séduction a une emprise bien plus forte tant qu'elle n'est pas consommée.

## Détruire le lien

Les histrioniques sont des êtres en souffrance. Ils n'existent qu'au travers du regard des autres. Ils sont donc activement dépendants de leur entourage, d'où la pression constante qu'ils exercent sur leurs proches.

En brisant le lien qui vous unit à un histrionique, qu'il soit personnel ou professionnel, vous le rejetez brutalement. Certes, il comprend alors immédiatement que vous n'êtes pas réceptif à son mode de fonctionnement, mais vous ne pourrez espérer grand-chose de lui par la suite. Si tous les histrioniques ne sont pas rancuniers, nombre d'entre eux le sont fortement. Et ceux qui ne le sont pas excelleront dans la créativité pour vous faire comprendre que vous avez mal agi.

# 4. LE SCHIZOÏDE

M. Belien, neurologue, reçoit son patient régulier, M. Pavranche, dans le cadre du traitement de sa sclérose en plaques. M. Pavranche évite régulièrement le contact oculaire et est assez froid dans les échanges.

– Alors Monsieur Pavranche, comment allez-vous depuis la dernière fois ?

– Bien.

– Mais encore ?

– Bien.

– OK. Constatez-vous une stabilisation de votre état suite au traitement que nous avons mis en place ?

– Oui.

– C'est une bonne chose. Avez-vous noté des effets secondaires ?

– Pas pour le moment.

– Bon... Et sinon, au niveau boulot ou perso, vous ne ressentez pas trop de fatigue avec le traitement ?

– Non.

## Définition

Les schizoïdes sont des êtres à part. En apparence, ils semblent mous et inertes. Leurs mouvements sont souvent lents, mais ordonnés. Flegmatiques, ils semblent imperméables aux émotions, ne les communiquant que très rarement. Tout semble tellement glisser sur eux qu'il est difficile d'avoir de la prise.

Souvent seuls, ils s'adonnent régulièrement à des activités solitaires et de réflexion. Ils cultivent des passions comme la science-fiction, la philosophie, les lettres, les collections ou le cinéma. Par la force des choses, il faut reconnaître qu'ils sont souvent très instruits et cultivés, mais ne sont pas enclins à partager leur savoir.

C'est dans la relation qu'ils s'illustrent particulièrement. Ils paraissent absents, donnant le sentiment qu'ils n'habitent pas réellement leur propre corps. La parole est frugale, morne et monotone. Ils communiquent par bribes d'informations, réponses laconiques ou encore monosyllabes. Leurs expressions faciales sont à l'image de l'énergie qu'ils dégagent, c'est-à-dire proches du néant.

Les interactions sociales sont pauvres, et cette pauvreté se renforce à mesure que le groupe grandit. Les gens qui peuvent les côtoyer les jugent ainsi ennuyeux et maladroits dans la relation.

# À privilégier

## Respecter la proxémie

Le terme « proxémie » provient des travaux de l'anthropologue Edward Hall sur les distances physiques s'établissant entre des individus. Ces distances sont avant tout façonnées par la culture. Ainsi la proxémie en Afrique (très courte) est à l'inverse de ce qu'elle peut être au Japon (importante).

La bulle psychologique dans laquelle le schizoïde vit constitue son refuge. Si vous la brisez, vous risquez de vous l'aliéner. D'où la nécessité impérieuse de respecter la proxémie. Ne cherchez pas à l'envahir, à vous approcher trop près de lui ou tenter de le provoquer amicalement. Vous ne ferez que renforcer son sentiment de mal-être et son manque de confiance.

## Entrer dans son cadre de référence

Les schizoïdes sont solitaires dans le monde qu'on leur impose, c'est-à-dire la collectivité. Cependant, leur univers, qu'il soit fantasmé ou cachés, regorge d'anecdotes, de passions et d'intérêts. Par définition, un schizoïde sera peu enclin à partager ce qu'il peut éprouver. C'est le sentiment d'être jugé ou de savoir qu'il n'est pas comme les autres qui le pousse à s'insulariser.

Si vous faites la démarche de vous intéresser véritablement à son univers, alors vous découvrirez une tout autre personne.

> – Bon… Et sinon, au niveau boulot ou perso, vous ne ressentez pas trop de fatigue avec le traitement ?
> – Non.
> – Vous continuez votre collection de timbres ?
> – Oui, tous les jours.
> – Et vous en êtes à combien désormais ?
> – 1 544 sans compter ceux d'Asie Mineure.
> – Et pourquoi n'incluez-vous pas ceux d'Asie Mineure ?
> – Parce que je m'y intéresse depuis peu et que j'ai besoin de bien comprendre leur identité.
> – D'accord. Ça vous dérangerait de me montrer une partie de votre collection lors de notre prochain rendez-vous ?
> – Ben… pourquoi ?
> – Simplement, parce que cela m'intéresse.
> – Avec plaisir alors. Vous verrez, j'en possède des vraiment rares…

Cet exemple illustre parfaitement l'*ouverture* d'un profil schizoïde qui en vient à parler plus que son médecin. Faites preuve d'intérêt réel et de bienveillance. Les schizoïdes sont des personnes très intelligentes et remarqueront très rapidement les manipulateurs ou autres profiteurs.

## Lui proposer des activités adaptées

Le schizoïde est un profil qu'il convient de ne pas bousculer. Ainsi, lui proposer d'aller en boîte de nuit pour le dévergonder un peu relève de la douce utopie. À l'inverse, le cloisonner dans des activités solitaires ne contribuera pas à le « socialiser ». Pour espérer cette *ouverture* tant recherchée, il est nécessaire de lui proposer des activités qui s'inscrivent à mi-chemin entre l'extravagance et l'isolement. Les chances de succès seront maximisées si la sollicitude reste bienveillante et douce.

> – Avec plaisir alors. Vous verrez, j'en possède des vraiment rares…
> – Monsieur Pavranche, vous échangez vos timbres régulièrement ?

– Non. Pourquoi ?

– J'ai quelques patients qui sont également collectionneurs de timbres. Cela vous plairait que je vous mette en relation ?

– Ben, je sais pas trop. Je ne les connais pas.

– Vous me faites confiance ?

– Euh... oui.

– Alors, ils vous plairont. Ils vous ressemblent et je suis sûr qu'ils seront ravis de faire votre connaissance. Ils sont discrets et extrêmement courtois. Vous voulez que je leur en parle la prochaine fois qu'ils viennent au cabinet ?

– OK.

# À éviter

## Lui subtiliser la parole

Les schizoïdes peuvent devenir malgré eux d'excellents « crachoirs » au service de profils extravertis, comme les narcissiques ou histrioniques. Comme les schizoïdes s'expriment très peu, certains ont tendance à augmenter le débit pour combler le vide des conversations ou tout simplement parce qu'ils adorent parler d'eux-mêmes. Et sans répondant en face, cela peut être tellement tentant de surenchérir. Si, dans la vie de tous les jours, nous sommes contraints de parler plus qu'un schizoïde, ne serait-ce que pour lancer un sujet, la prise de parole doit être modérée et tournée vers le schizoïde. Sinon, vous risquez vite de vous l'aliéner, même s'il n'osera jamais l'admettre. Considérez qu'il vit dans un monde clos et sécurisé. En l'inondant de paroles et de réussites merveilleuses, vous envahirez tout simplement son sanctuaire.

## Lui montrer qu'il est différent

Les schizoïdes savent une chose : qu'ils sont différents des autres. Leur mode de vie et leur façon de communiquer leur rappellent quotidiennement que ce sont des êtres à part. Ils sont parfaitement conscients de leur isolement et le rationalisent par une pensée symbolique qui pourrait se traduire par : « Mieux vaut être seul que mal entouré » ou : « La vie est plus compliquée avec tous ces gens à gérer. »

Sachant qu'ils assument leur différence, notamment par incapacité à agir dessus, leur rappeler qu'ils sont différents ne fera que renforcer leur sentiment personnel et ce qu'ils peuvent éprouver pour les autres.

## Exiger qu'il manifeste ses émotions

La froideur émotionnelle est une caractéristique intangible chez les schizoïdes. Ils communiquent très peu et encore moins sur leurs émotions. Cela s'explique par le fait qu'ils considèrent l'émotion comme intime et secrète. En la verbalisant, ils livrent une part d'eux-mêmes, s'exposant alors au regard de l'autre et révélant leur jardin intérieur. Ce qui est tout simplement aux antipodes de leur mode de fonctionnement.

N'essayez donc pas de les amener sur un registre émotionnel. Ils sont mal à l'aise avec l'émotion. Respectez-les.

# 5. L'ANXIEUX

Réunion entre des parents d'élèves et la directrice d'une école primaire.

- Madame la directrice, le voyage scolaire est toujours maintenu en mai prochain ?

- Oui, tout à fait. Je vous ai d'ailleurs envoyé la brochure et toutes les modalités nécessaires.

- Je ne sais pas si c'est une bonne chose que nos enfants fassent autant de route.

- Le trajet est de deux heures, monsieur. C'est un trajet court. Qu'est-ce qui vous tracasse ?

- Vous savez, avec ce qu'on entend à la télé et tous ces accidents, je préférerais qu'ils prennent le train.

- Je comprends, mais, là où nous allons, il n'y a malheureusement pas de gare SNCF.

- Et j'ai vu que ce sont des lits superposés ?

- Oui, tout à fait.

- Si c'est un lit superposé, mon fils dormira en bas. C'est évident qu'il pourrait tomber s'il dort en haut...

## Définition

Le profil anxieux vit dans une sorte d'inquiétude paranoïaque. Par un phénomène de rationalisation, tout est sujet à l'interprétation excessive pour accoucher de conséquences néfastes et désagréables. Si certaines personnes espèrent le meilleur, mais se préparent au pire, les anxieux envisagent le pire et se préparent au pire.

Les anxieux sont habités d'un sentiment d'oppression, lié à l'inconfort de leur mode de fonctionnement. Comme ils sollicitent constamment leurs facultés cognitives de façon proactive pour se protéger de tout, ils s'épuisent en ayant recours à l'évitement, l'anxiété, la peur, voire l'impulsivité. Cela peut se traduire par des crises de panique, une phobie sociale ou une névrose obsessionnelle compulsive.

Contrairement à ce que l'on pourrait penser, les anxieux considèrent que les peurs sont fondées et reposent sur des socles rationnels. Par voie de conséquence, les autres sont inconscients et aveugles aux dangers qui les entourent. Les anxieux s'arment d'une vigilance à toute épreuve, agrémentée de précautions excessives et d'une recherche quasi constante du risque zéro. Ils abhorrent l'improvisation, l'incertitude, l'excès de confiance et la rassurance mal placée.

# À privilégier

## Capitaliser sur les expériences réussies

Les peurs irrationnelles des anxieux sont alimentées par les déconvenues et expériences négatives qu'ils ont subies directement, en tant que victimes, ou indirectement, en tant que témoins. Comme ils sont en alerte constante face au monde extérieur, ils récupèrent à leur cause tout événement pouvant justifier leur hyper-contrôlabilité et leur surprotection. Ainsi, un anxieux souffrant d'une phobie de l'avion nourrira ses peurs du moindre crash à travers le monde. Ce qui le confortera ainsi dans la nécessité de prendre d'autant plus de précautions.

Quand vous avez la possibilité de jouer sur les éléments que l'anxieux ne contrôle pas, il est nécessaire de faire preuve d'une fiabilité à toute épreuve, notamment en utilisant des expériences réussies.

> – Si c'est un lit superposé, mon fils dormira en bas. C'est évident qu'il pourrait tomber s'il dort en haut.
> – Certaines chambres sont dotées de lits superposés et d'autres n'en possèdent pas. Je vous propose que votre fils soit dans une chambre sans lit superposé, comme nous l'avions fait lors du dernier voyage. Cela vous conviendrait ?

> – Oui, très bien. Et comment je pourrais m'entretenir tous les jours avec mon fils ?
>
> – La dernière fois, nous avons fait en sorte que les enfants appellent leurs parents entre 18 et 19 heures tous les jours, en utilisant la ligne fixe du gîte. Cette formule vous convenait ?
>
> – Oui, c'est bien ça.
>
> – Eh bien, nous ferons exactement la même chose pour ce prochain voyage. Simplement, les conversations seront limitées à deux minutes pour que tous les enfants puissent profiter du téléphone.

Dans ce cas précis, la directrice d'école oriente son discours pour aller chercher des « oui ». Elle s'assure de l'adhésion du parent d'élève anxieux en évoquant des expériences réussies. Par la création d'un climat favorable, elle réduit *de facto* les effets anxiogènes et projette ainsi l'anxieux dans un futur, certes incertain, mais semblable à ce qu'il a connu.

## L'inviter à considérer graduellement les choses différemment

Changer nécessite par définition une prise de risques. Et malheureusement, cette prise de risques est souvent connotée négativement pour des non-anxieux et toujours négativement pour des anxieux. Un anxieux qui ne devrait plus être anxieux, c'est-à-dire renoncer à sa vigilance excessive, deviendrait la proie idéale de ses propres peurs. Ce qui veut dire que le changement est difficilement concevable, voire inimaginable.

Pour espérer assouplir le comportement d'un anxieux, il est primordial qu'il ait l'impression de ne pas changer. Ainsi, en ne remettant pas en cause son mode de pensée, vous lui montrez que vous l'acceptez d'une certaine manière. Cependant, nous allons nous attaquer subtilement à la façon dont il considère le monde extérieur.

> – Et si la ligne téléphonique ne fonctionne pas, vous aurez quoi comme moyens pour nous tenir informés, en tant que parents ?
>
> – Si la communication était impossible, vous serait-il possible d'attendre un jour supplémentaire pour parler à votre fils ?

– Hors de question !

– Qu'est-ce qui vous gênerait exactement ?

– Vous rigolez ? Je me ferais du souci évidemment, surtout si je suis habitué à lui parler tous les jours !

– Ce qui veut dire que si vous deviez lui parler tous les deux jours en connaissance de cause, vous accepteriez de lui parler tous les deux jours ?

– Ben, oui, sauf que là, on se parle tous les jours !

– Pour plus de sécurité et pour limiter le nombre d'appels journaliers, voici ce que je vous propose : les enfants appelleront les parents tous les deux jours. La moitié de la classe utilisera les jours pairs et l'autre moitié, les jours impairs. Et s'il y a le moindre souci, nous enverrons un e-mail à tous les parents pour les tenir informés. Cela vous conviendrait ?

Tous les parents répondent favorablement. Le parent anxieux acquiesce tardivement, mais sans broncher.

Dans cet exemple présent, la directrice joue très légèrement sur le fond (passer de un à deux jours) en conservant les mêmes moyens (le téléphone). Ce qui est important ici, c'est de ne pas perturber l'organisation générale (maintenir la communication avec son fils) pour espérer un changement graduel.

## Utiliser des formules positives

Si l'utilisation de tournures courtes est particulièrement adaptée face à un paranoïaque, les formules positives sont tout aussi efficaces face à un anxieux. Ces deux profils se nourrissent d'un terreau commun : l'hyper-vigilance. Ce qui veut dire que toute erreur de communication pourra s'avérer fatale.

Afin de casser la spirale négative d'un anxieux, nous allons travailler sur le fond à son insu, en choisissant des termes positifs.

Réunion des parents d'élèves à la suite du voyage scolaire.

– Alors, dites-moi, qu'est-ce qui a émerveillé vos enfants pendant cette semaine au vert ? D'après leurs premiers retours, ils ont été fascinés par les animaux et la grotte préhistorique.

– Le car est arrivé avec trente minutes de retard. On s'est vraiment inquiétés, vous savez !

> - C'est vrai que nous étions un peu en retard, malheureusement, à cause des bouchons. Du coup, vous en avez profité pour échanger avec les autres parents sur le choix des activités périscolaires ?
> - Euh... non. On attendait, c'est tout. Et honnêtement, j'ai pensé à un accident !
> - Le trajet s'est extrêmement bien déroulé et vos enfants étaient surtout impatients de vous retrouver !

Pour éviter tout échange stérile, la directrice ne réagit volontairement pas face à l'anxiété du parent. Non qu'elle n'y réponde pas, mais elle oriente la conversation vers une issue plus favorable pour tous. De plus, elle n'utilise aucun terme lié à l'anxiété, même si le parent l'y invite (accident).

# À éviter

## Lui demander de se calmer

Une des erreurs les plus fréquemment commises face à un anxieux est de lui demander de se calmer. Quand la cognition n'est plus accessible parce que l'émotion a pris le pas sur la raison, il est inutile de tenter de raisonner une personne. Elle ne vous écoutera pas et vous vous l'aliénerez, tout simplement par manque de mise à niveau.

De plus, en demandant à quelqu'un de se calmer, vous ne lui offrez aucune solution pour y parvenir. C'est comme si vous demandiez à un aveugle de voir alors qu'il ne peut simplement pas le faire. Enfin, dites-vous bien que si un anxieux pouvait se calmer, il le ferait. Donc, renoncez à lui demander de se calmer et acceptez son anxiété.

## Contre-argumenter

> - Pour le prochain voyage qui sera à l'étranger, nous prendrons l'avion.
> - Jamais de la vie ! C'est dix fois trop dangereux !
> - Statistiquement, l'avion est beaucoup plus sûr que la voiture, vous savez ?
> - Mais oui, bien sûr... Moi, je préfère conduire !

- Ça n'a aucun sens. On va perdre cinq heures dans le train !
- Je m'en fous, au moins mon fils sera en sécurité !
- Mais puisque je vous dis que l'avion est plus sûr !

Voici un exemple de conversation qui peut durer très longtemps et qui malheureusement ne mènera pas à grand-chose. En tentant de faire valoir votre point de vue, vous refusez simplement celui de l'autre. S'enchaîne alors une guerre de position qui ne fera que cristalliser des tensions déjà présentes.

## Improviser

- Et du coup, quand vous serez en Allemagne, où allez-vous dormir ?
- Ce n'est pas encore très clair. Nous étudions plusieurs possibilités.
- C'est-à-dire ?
- Ben, dans le pire des cas, il y a une auberge de jeunesse. Il y a tout le temps de la place, il paraît...

Un anxieux est hyper-contrôlant. C'est précisément son mode de rassurance. Savoir qu'il a tout prévu, que rien ne lui échappe, contribue à faire diminuer le climat anxiogène. Si vous vous montrez peu sûr de vous, évasif ou improvisateur, vous serez perçu comme une bombe à retardement. Donc, soyez fiable et précis en toute circonstance.

# 6. L'ANANKASTIQUE

Récent remaniement au sein d'un cabinet ministériel. Le directeur de cabinet, M. Remon, présente les nouvelles orientations à l'un de ses conseillers techniques, M. Semine.

- Dans le but de réduire les dépenses, nous allons imposer des règles plus strictes d'attribution budgétaire et un contrôle ferme des notes de frais.

- C'est une excellente chose, monsieur le directeur. J'ai d'ailleurs commencé à travailler sur un tableau très complet. Je devrais finir tout cela demain.

- Très bien. Sinon, concernant la présence aux réunions hebdomadaires, nous allons assouplir les règles.

- Mais pourquoi ?

- Les collaborateurs sont charrette en ce moment, compte tenu de la charge de travail. Ils préfèrent consacrer leur temps aux dossiers importants.

- Une réunion, c'est une réunion. Ils n'ont pas le choix.

- C'est moi qui leur donne le choix et je l'assume.

- Sachez que vous êtes trop bon avec eux.

- J'en prends note.

- Et tant que j'y pense, avant que cela ne remonte jusqu'à vous, j'ai refusé un jour de congé à mon assistant hier.

- Et pourquoi cela devrait remonter jusqu'à moi ?

- Il m'avait effectivement bien prévenu à l'avance. Mais il a oublié de signer sa demande de congé.

- Eh bien, qu'il la signe maintenant.

- Le règlement exige que la demande soit transmise en bonne et due forme. Sans signature, c'est impossible...

# Définition

Plus communément connu sous le nom d'*obsessionnel compulsif*, l'anankastique se caractérise par un perfectionnisme poussé à l'extrême. Excellents « petits soldats », ils adhèrent à toute forme de discipline imposée par les règlements, ce qui leur permet également de se protéger de toute critique éventuelle. Obsédés par la loi, ils font preuve d'une morale stricte, refusant catégoriquement les comportements déviants et louvoyants.

Dans le travail, ils ont à cœur de s'investir beaucoup plus que la moyenne pour mettre en avant leur droiture et leur exemplarité. Cependant, ces comportements excessifs se traduisent par une incapacité à déléguer, à faire confiance aux autres ou à accepter des solutions hors cadre. Têtus, obstinés et froids dans la relation, ils accordent peu de considération au travail d'équipe.

Leur souci du détail les plonge dans des considérations superflues provoquant une impossibilité à envisager les situations dans leur ensemble. Ainsi, ils stagnent au niveau de leurs enjeux personnels sans comprendre l'objectif supérieur. S'il faut reconnaître que leur perfectionnisme peut contribuer à réduire les erreurs techniques, ils sont sujets aux fautes comme tout un chacun. Ils les acceptent cependant très difficilement car ils ont une très haute estime d'eux-mêmes. Ils se considèrent comme fiables, ordonnés, compétents et rigoureux. Par un phénomène d'opposition, les autres sont irresponsables, voire laxistes. Ils savent donc ce qui est juste et ce qui ne l'est pas, ce qui est bon et ce qui ne l'est pas.

# À privilégier

## Nuancer son approche manichéenne

S'il est un profil qu'il ne faut pas fuir ou éviter, c'est bien l'anankastique. Au contraire, il faut « l'attaquer ». Il fonctionne principalement sur un schéma manichéen : bien ou pas bien. Ce qui ne laisse bien évidemment aucune place à la nuance et au contraste. Pour espérer faire émerger ces éléments, il est nécessaire de déconstruire les bases de ses croyances, c'est-à-dire les ébranler, souvent en aidant le sujet à considérer les choses autrement et en le sensibilisant aux conséquences de ses actes.

> – Le règlement exige que la demande soit transmise en bonne et due forme. Sans signature, c'est impossible.
> – En d'autres termes, vous venez de lui refuser une journée simplement parce qu'il manque une signature, c'est bien ça ?
> – Exactement !
> – Dites-moi, ne trouvez-vous pas que cela soit excessif ?
> – Pas du tout. C'est le règlement !
> – Vous avez raison sur ce point-là, c'est le règlement.
> – Maintenant, dites-moi, ce collaborateur, vous êtes satisfait de son travail ?
> – Oui, mais ça n'a rien à voir !
> – Ça n'a rien à voir pour vous, mais ç'a à voir pour lui. Ne pensez-vous pas que cette décision, au-delà de toute considération, risque de le démotiver ? Ou que cela entachera la considération qu'il peut vous porter ?
> – Ben, j'en sais rien.
> – Je vous le dis, si c'était moi, cela affecterait ma relation avec mon patron. Je ne remets pas en cause le règlement. Simplement, par moments, surtout quand les conséquences sont insignifiantes pour le fonctionnement global, un peu de souplesse peut faire du bien à tout le monde.

Ce qui est important ici, c'est qu'à aucun moment M. Remon ne remet en cause le règlement. Il le cautionne et l'accepte, pour éviter d'entrer en opposition avec M. Semine. C'est précisément la loi la raison de vivre de l'anankastique. Cependant, le directeur du cabinet nuance son application en pointant du doigt les conséquences directes à la fois pour l'équipe et pour l'anankastique. Tout cela dans le but d'ébranler sa pensée manichéenne.

## Utiliser des termes qu'il jugera nobles

> – Monsieur Semine, le ministre exige que nous revoyions toute la procédure d'attribution budgétaire et des notes de frais.
> – Très bonne idée, vu les dérives que j'ai pu constater !
> – J'ai besoin d'un suivi exemplaire, sans faille et qui nous permette d'être à la pointe en termes de rigueur et de suivi. C'est dans vos cordes ?

- Vous pouvez compter sur moi !

- Et si nous sommes au rendez-vous, je suis persuadé que les résultats seront tout de suite visibles.

Les anankastiques sont particulièrement sensibles à la reconnaissance que leurs patrons peuvent leur témoigner. Ils respectent la hiérarchie et les directives qui en découlent. C'est d'ailleurs la raison pour laquelle ce sont d'excellents soldats. Pour les galvaniser et les faire d'autant plus adhérer aux objectifs fixés, il est opportun d'exprimer des notions qui font écho à la fois à leur mode de fonctionnement et aux qualités qu'ils s'attribuent. Dans l'exemple ci-dessus, les termes suivants étaient choisis volontairement : *exemplaire*, *sans faille*, *à la pointe* et *rigueur*. Ils ont ainsi une résonance particulière chez un anankastique.

## L'inciter à s'évader

Si l'anankastique ne peut être comparé au schizoïde, il présente toutefois des comportements légèrement similaires, comme la froideur émotionnelle et les activités par moments solitaires. Il se réalise dans un monde dont les bornes sont définies par les règlements. Sortir du cadre est par conséquent anxiogène, l'exposant ainsi à la faute. Afin de l'aider à s'extraire de son univers étriqué et dictatorial, il est nécessaire de l'inciter à s'évader, simplement pour lui montrer qu'un autre monde existe où il pourra également s'épanouir.

> - On part deux jours au vert fin juin, je compte sur votre présence, monsieur Semine.
> - Vous savez, le sport et moi, ça fait deux.
> - Comme moi. Mais j'ai constitué des équipes et je vous veux dans la mienne.
> - Moi ?
> - Oui, j'ai prévu une course d'orientation. Vous serez le plus à même de nous guider. Y a des tas de paramètres à prendre en compte. Et si l'on veut gagner, nous avons besoin de vous. C'est aussi simple que ça.
> - OK alors !

Le directeur de cabinet en appelle aux compétences techniques de l'anankastique (*tas de paramètres*) pour qu'il trouve un intérêt à s'ouvrir aux autres. C'est un excellent moyen pour montrer qu'une équipe n'existe que quand les membres mettent leurs compétences au service des autres. Ainsi, il changera. Petit à petit. Mais il changera.

# À éviter

## Manquer de fiabilité

Les anankastiques accordent du respect aux personnes dont ils estiment quelles leur ressemblent. Ainsi, un individu épris d'un sens de la justice aigu, d'une rigueur morale sans faille et du souci exacerbé du détail sera considéré comme respectueux. Il retrouvera chez l'autre des qualités qu'il s'attribue automatiquement.

Tout manquement à ces principes fondamentaux fera de vous une personne insouciante et irresponsable. Arriver en retard, faire des fautes d'orthographe, oublier d'envoyer un e-mail ou toute autre erreur de cet acabit vous éloignera petit à petit d'un anankastique. Ce qui vous sera fortement préjudiciable si un jour vous avez besoin de lui.

## Le responsabiliser

Si certains métiers exigent une rigueur à toute épreuve, où généralement des anankastiques encadrent des anankastiques, responsabiliser un anankastique dans des environnements nécessitant des compétences créatives, des solutions innovantes ou tout simplement de sortir du cadre est généralement très compliqué. Les anankastiques suivent les règles et s'en détournent très rarement. Ils savent gérer la complication (démonter et remonter), mais la complexité leur échappe (ne pas maîtriser tous les facteurs et prendre des décisions dans des environnements incertains). Le management exigeant, entre autres, de l'adaptabilité, de la flexibilité et une certaine hauteur dans l'analyse et la prise de décision, les anankastiques adoptent des comportements rigides et limités qui font d'eux des responsables très généralement inefficaces. Ils restent cependant d'excellents experts dans leur domaine.

## S'attaquer à son sens du détail

L'anankastique est persuadé que les détails sont extrêmement importants et que les erreurs viennent avant tout de la négligence du détail. Par conséquent, son monde et sa perception sont bâtis sur des couches techniques dont il se sert comme de filtres pour apprécier, positivement ou négativement, les situations. S'attaquer à son sens du détail équivaut à s'attaquer directement à lui, provoquant des comportements encore plus rigides et inadaptés. Un anankastique a besoin des détails pour se rassurer et évoluer sereinement. Respectez-le simplement.

# 7. LE PASSIF-AGRESSIF

Réunion de travail au sein d'une entreprise de taille moyenne. Le chef de groupe marketing a réuni l'ensemble de ses collaborateurs pour faire un point sur le mode de fonctionnement de l'équipe.

- Pour rappel, ce qui fait fonctionner le service, c'est le partage de l'information et la bienveillance que l'on témoigne aux membres de l'équipe. Éric, quand tu as envoyé ton e-mail aux responsables Grands Comptes, pourquoi tu ne nous as pas mis en copie, puisque cela engageait toute l'équipe ?

- Tu m'as demandé de leur envoyer un e-mail, c'est ce que j'ai fait.

- Oui, sur le principe, mais pourquoi tu ne nous as pas mis en copie ?

- Tu ne me l'as pas demandé.

- Effectivement, je ne te l'ai pas demandé. Mais reconnais que comme tu parles en notre nom, il faudrait que l'on soit en copie ?

- Tu ne me l'as pas demandé.

- OK... La prochaine fois, mets-nous en copie, s'il te plaît. Sinon, que penses-tu de la récente nomination de Catherine ? Chef de groupe à son âge, quel beau parcours !

- C'est clairement pas mérité...

## Définition

S'il faut bien reconnaître une chose, c'est celle-ci : quiconque ayant déjà travaillé en équipe a normalement fait l'expérience « exquise » de côtoyer un passif-agressif. Ce terme a vu le jour en 1945 dans l'armée américaine pour décrire les comportements de conscrits réfractaires à l'autorité. Mais contrairement aux autres types de profil qui pourraient s'opposer frontalement à quelque chose ou quelqu'un, le passif-agressif utilise la sournoiserie et la passivité.

Ce qui caractérise le plus un passif-agressif, c'est son attitude d'opposition pernicieuse. Empreint de négativisme et de frustration, il sabote dans l'ombre le système qui le nourrit. Pour cela, il use du silence, oublie volontairement certaines tâches, s'enlise dans la lenteur, omet des éléments et s'efforce de toujours trouver une bonne raison à son inefficacité ou à son manque d'investissement.

Il méprise l'autorité et le succès des autres. Envieux et jaloux, il dénigre ses nombreux ennemis en utilisant des chemins de traverse. Le passif-agressif est une anguille qui nous glisse dans les mains. Pour brouiller les pistes et éviter la critique, il passe aisément d'un mode plaintif à travailleur, motivé à déçu ou encore convivial à boudeur.

Les passifs-agressifs sont très généralement détestés au sein des équipes, car au-delà de leurs comportements nocifs, ils sont peu fiables et les résultats sont décevants.

# À privilégier

## L'impliquer publiquement

Si les passifs-agressifs sont des professionnels du sabotage, par le biais de rumeurs, critiques, non-dits ou sous-entendus, ils sont beaucoup moins à l'aise quand ils sont contraints d'affronter le public ou le regard des autres. Pour casser leur dynamique funeste et délétère, un très bon moyen est de les impliquer en utilisant le groupe.

> – Le patron nous demande de rendre les business plans le 25 juin. C'est bon pour tout le monde ?
> Oui d'ensemble.
> – Sophie ?
> – OK pour moi.
> – Pierre ?
> – Pas de souci.
> – Bertrand ?
> – Aucun problème.
> – Isabelle ?

- Yes !
- Éric ?
- ... Oui.

Dans ce cas présent, le chef de groupe sollicite volontairement Éric après avoir obtenu l'adhésion de tous les autres. C'est ainsi d'autant plus difficile pour Éric de refuser. De plus, si Éric ne devait pas rendre son business plan à temps, il perdrait la face devant tous ses collègues, puisqu'il s'est engagé (malgré lui) publiquement.

## Neutraliser immédiatement toute échappatoire

Les passifs-agressifs sont friands de tournures captieuses ou teintées de procrastination. Leur objectif dissimulé est en réalité d'éviter l'engagement ferme et définitif pour pouvoir ainsi œuvrer tranquillement dans les zones d'ombre et de malentendus.

> - Avant que l'on ne clôture la réunion, je vais répondre aux différentes candidatures de stage. Vos retours sont clairement en faveur du CV de Clothilde. Par contre, je n'ai pas eu de retour de Bertrand et d'Éric. Bertrand, le profil de Clothilde te convient ?
> - Oui, très bien, elle fera l'affaire.
> - Et toi, Éric ?
> - Ça devrait le faire...
> - C'est-à-dire ?
> - Ben, elle est pas mal.
> - Tu préférerais un autre candidat ?
> - Non.
> - Alors, dis-moi, qu'est-ce qu'il manque à Clothilde pour qu'elle corresponde à 100 % à ton choix ?
> - Ben... de l'expérience.
> - Autre chose ?
> - Non.
> - OK. Vu qu'on recrute des stagiaires, donc par définition des personnes qui sortent de l'école, c'est compliqué d'aller chercher de l'expérience. Pourquoi tu souhaites de l'expérience dans son profil, que je comprenne bien ?
> - Ben... Il va falloir la former.

> - Très bien. Isabelle a dit qu'elle s'en chargerait.
> - Alors, OK pour Clothilde.

Les propos d'Éric révèlent à la fois ses manœuvres douteuses, son incapacité à s'engager, mais également sa volonté de ne pas s'investir. Dans le cas présent, le chef de service a fait en sorte de stopper net les diversions d'Éric, sans pour autant qu'il perde la face, pour obtenir au final une adhésion contrainte.

## Soigner la forme

Émotionnellement parlant, les passifs-agressifs sont sujets à l'emportement et à la colère. La frustration, régulièrement alimentée par ce qu'ils considèrent comme un manque de chance ou le sentiment d'être incompris, en fait des individus irritables et susceptibles. Quand ils souffrent de cet état, il est d'autant plus difficile de les raisonner ou d'obtenir d'eux des concessions ou engagements.

En soignant la forme, c'est-à-dire en privilégiant l'empathie et la mise à niveau, vous contribuez à stabiliser l'affectivité.

> - Éric, je sais que tu es très occupé en ce moment avec la récente réorganisation.
> - Tu m'étonnes, je me coltine tout !
> - Maintenant, je voudrais faire autrement, mais il faut rendre les indicateurs annuels d'ici la fin du mois maximum.
> - Ils n'ont aucune notion du travail des autres, ces débiles !
> - Dis-moi, comment peut-on faire pour livrer le tout en temps et en heure ?

Les passifs-agressifs ont une profonde aversion pour les directives et l'autorité en général. En soignant la forme, vous dites la même chose, sans provoquer de susceptibilité. Ce qui vous permet d'obtenir un peu plus d'eux.

# À éviter

## L'ignorer

Que vous le vouliez ou non, le passif-agressif exprime toujours quelque chose au travers de ses allusions ou critiques. Dans bien des cas, ses plaintes sont le reflet de son mal-être. Il peut s'estimer incompris, rejeté car différent ou simplement méfiant. Dans d'autres cas, ses critiques sont tournées vers le monde extérieur, en rejetant toute forme d'autorité. Il considère que les humains sont des profiteurs et que les règlements sont des moyens qu'il s'adjuge pour écraser un peu plus les autres.

Quels que soient les ressorts psychologiques et motivationnels, le regard qu'il porte sur les autres est terni par des relents de frustration et d'aigreur. Il serait présomptueux de considérer que ses attitudes souterraines sont des appels à l'aide. En tout cas, elles sont volontaires. Plus vous les occulterez, plus elles augmenteront en puissance. Le passif-agressif cherche à toucher. S'il n'y parvient pas, il redoublera de créativité, vous entraînant dans sa chute. Alors, écoutez et réagissez en conséquence, pour éviter que le tout macère un peu trop longtemps…

## Sermonner

> – En tant que collaborateur et N-1, tu te dois de te conformer aux directives et de rendre toujours en temps et en heure ce que je te demande. C'est compris ?
>
> – Tu peux compter sur moi…

« Tu peux compter sur moi… » pour te la faire à l'envers (traduction complète de la pensée du passif-agressif). Les discours moralisateurs et étriqués de managers en mal d'autorité sont des seaux d'huile jetés sur l'esprit enflammé des passifs-agressifs. Rappelez-vous qu'à l'origine, ces profils sapaient l'autorité militaire pendant la Seconde Guerre mondiale. Ce qui veut dire que même au sein de l'institution la plus hiérarchique au monde, où l'ordre et l'autorité régissent le fonctionnement des services et des personnes, l'armée se trouvait en quelque sorte démunie face à ces individus.

Privilégiez des discours de proximité où la notion de manager-managé reste implicite. Vous obtiendrez toujours davantage.

## Lui trouver des circonstances atténuantes

Tous les passifs-agressifs que nous avons été amenés à gérer présentaient des *backgrounds* compliqués, pour ne pas dire très compliqués. Sans vouloir catégoriser ou faire de notre expérience une généralité, on peut aisément déclarer que leur frustration provient très souvent de blessures ignorées ou mal soignées. Avec le temps, ces plaies se sont infectées, donnant lieu à des comportements condamnables.

Quand ces blessures refont surface pour être révélées au grand jour d'une manière ou d'une autre, il n'est pas rare d'observer des comportements de compassion spontanée. Ainsi, les manœuvres perfides des passifs-agressifs deviennent en quelque sorte « acceptables » au nom d'une enfance malheureuse ou d'une expérience particulièrement douloureuse. On s'adapte alors au passif-agressif pour lui permettre une meilleure intégration. Malheureusement, trouver des excuses à quelqu'un n'a jamais permis de le faire avancer. Considérez toujours les faits pour rester lucide. Les causes permettent d'en comprendre la raison. Mais elles ne doivent en aucun cas devenir des excuses.

# 8. LE PSYCHOPATHE

Conseil d'administration d'une multinationale. John Kirk, le président, prend la parole.

– Sam, nous allons quelque peu changer les règles.

– C'est-à-dire, monsieur le président ?

– Nous n'allons pas construire l'usine dans le sud du pays.

– Comment ça ?

– Nous irons dans le Nord. J'ai un plan bien meilleur.

– Mais, mais... nous sommes engagés auprès des autorités politiques régionales à créer 300 postes dans la région. Tout est prêt. Les maires vous ont apporté leur soutien, rappelez-vous.

– Je m'en souviens bien, mais nous irons dans le Nord. J'ai déjà mis Peter sur le coup. Nous récupérons une usine flambant neuve ! Il suffit juste d'apporter nos machines. C'est un ancien concurrent qui vient de mettre la clé sous la porte.

– Et tous les gars que nous avions promis d'embaucher à la suite de la dernière restructuration ? Vous imaginez la vie des gens ?

– Ça me fait mal au cœur également, mais nous irons dans le Nord. Et d'ailleurs, c'est la dernière fois que je le répète !

## Définition

Le psychopathe se caractérise dans un premier temps par sa froideur émotionnelle. S'il peut ressentir l'émotion de l'autre, il est capable de la réprimer ou de l'ignorer sans aucun effort, ce qui lui permet de garder une lucidité « saine ». Les sentiments chaleureux, le réconfort bienveillant ou la spontanéité affective relèvent du domaine des faibles. Ainsi, il paraît souvent froid, insensible et dans certains cas inexpressif.

C'est également un être profondément calculateur. S'il peut sembler s'intéresser à quelque chose et donner le change de façon remarquable, tout cela n'est que fallacieux pour pouvoir satisfaire un objectif personnel. Orgueilleux, charmeur et narcissique, il n'accepte pas la frustration, ce qui engendre fréquemment des comportements impulsifs et inattendus.

Le psychopathe est dépourvu de culpabilité et de remords, ce qui lui permet d'aborder sans état d'âme des situations de souffrance et de désespoir. Autoritaire, sanguinaire et combatif, il livre ses combats avec un engagement indicible, où il prendra un malin plaisir à écraser ses ennemis. Contrairement au narcissique qui respecte le règlement comme terrain de jeu, le psychopathe fait souvent fi des règles, car il s'estime supérieur au cadre fixé et considère que les règles sont avant tout faites pour les autres. Cela se traduit régulièrement par des abus et actes illicites.

# À privilégier

## Rester factuel

Le registre émotionnel ne fonctionne pas face à un psychopathe. Comme il n'a pas d'empathie, espérer toucher la corde sensible pour le faire vaciller relève de l'utopie. Dans l'exemple cité plus haut, tenter de faire culpabiliser le président en projetant des images de personnes démunies est voué à l'échec. Le psychopathe reconnaissant uniquement les faits, il faut lui en donner si vous voulez émettre des critiques ou faire entendre votre point de vue.

> – Nous irons dans le Nord. J'ai un plan bien meilleur.
>
> – Votre plan nous permet de réaliser des économies supérieures ?
>
> – Exactement ! C'est pour ça qu'on ira dans le Nord.
>
> – C'est vous le patron, c'est vous qui décidez. Du coup, nous ne bénéficierons pas d'exonération de charges en allant dans le Nord ?
>
> – Et pourquoi pas ?!
>
> – En échange d'une implantation dans le Sud, la région s'engage à prendre en charge une partie des charges sociales sur les deux premières années.

> – Ben, on demande la même chose à la région Nord !
>
> – Nous l'avions déjà. Seule la région Sud le propose, c'est pour ça que nous avions jeté notre dévolu sur le Sud.
>
> – Ah, ils font chier, ces cons ! Bon, on va se reposer pour qu'on soit bien au clair sur ce qu'il faut faire…

Une des seules manières de faire considérer les choses autrement à un psychopathe est de s'en tenir aux faits et aux *conséquences personnelles* de ses actes, et non aux *conséquences pour les autres*. Si, dans ce cas, il s'estime perdant, il reverra de lui-même sa stratégie.

## Vérifier subtilement la mise en œuvre des engagements

Les psychopathes ne sont pas fiables. Très généralement, ce sont des maîtres dans l'art de la manipulation et de la parole fallacieuse. Ils se jouent aisément des gens pour satisfaire des objectifs personnels. Si en aucun cas vous ne devez faire perdre la face à un psychopathe pour éviter des réactions incontrôlées, brusques et violentes, il est plus que conseillé de vérifier la mise en œuvre de ses engagements. Les déconvenues sont parfois renversantes.

> – Monsieur le président, concernant le projet Alpha, vous avez bien mis Chris Barrow à bord ?
>
> – Oui, évidemment, Paul.
>
> – Très bien. Comme je le vois demain, je voulais être sûr de ne pas commettre d'impair en lui en parlant.
>
> – Ah… Vous le voyez demain. Je vais lui passer un coup de fil cet aprèsmidi pour m'assurer qu'il a bien tout compris.
>
> – OK.

Dans le cas présent, Paul met volontairement le sujet sur la table, mais en usant d'une candeur extrême afin de préserver l'ego du président. L'objectif est de ne pas le mettre dos au mur, mais au contraire de lui faire prendre conscience des conséquences de son mensonge. Au final, tout le monde sort vainqueur : Chris Barrow est mis à bord du projet, ce qui arrange Paul, et l'ego du président est sauf.

## Maintenir une relation courtoise

Les psychopathes sont prompts à la colère et irascibles, que vous ayez un pouvoir hiérarchique sur eux ou non. Les relations dégradées sont des terrains de jeu sur lesquels leur nature conquérante et belliqueuse peut s'affirmer plus facilement. La provocation ne leur fait pas peur, et, par moments, ils aiguillonnent volontairement les autres pour tester leur combativité. D'ailleurs, ils prendront un certain plaisir à raconter comment ils ont écrasé leurs adversaires, que ce soit par la force, la corruption, la manipulation ou l'utilisation d'un tiers.

En maintenant une relation courtoise, vous capitonnez en quelque sorte le volcan qui menace de faire éruption. Attention cependant, la courtoisie ne signifie pas la soumission.

> – Alors, ce dossier, vous l'avez ? Ça fait dix fois que je vous le demande !
> – Le voici, monsieur le président.
> – C'est fou qu'il faille vous répéter les choses autant de fois !
> – Je me suis engagé à vous rendre ce dossier aujourd'hui, c'est chose faite. Sinon, que pensez-vous de la dernière loi sur les fondations ?
> – C'est débile ! Si j'étais au gouvernement, je ferais les choses autrement !

Dans le cas présent, il est primordial de ne pas réagir. Mais il est tout aussi important de signifier de manière courtoise et respectueuse que les délais ont été tenus. Pour éviter un conflit stérile, il est préférable de lancer tout de suite un autre sujet en sollicitant l'avis du psychopathe. Il a généralement un avis sur pas mal de choses…

# À éviter

## S'attendre à un juste retour des choses

> – Mais monsieur le président, les maires nous ont soutenus. Nous ne pouvons pas les lâcher tout de même !
> – Je ne vois pas le rapport. C'est la vie !
> – Vous avez donné votre parole, monsieur le président.
> – C'est la dernière fois que je vous autorise à me parler ainsi. Si vous n'êtes pas content, vous dégagez !

Une des principales erreurs observées face à un psychopathe est d'attendre un juste retour des choses. Le psychopathe prend ce qui lui fait plaisir, car il estime que quelqu'un d'autre le fera s'il ne le fait pas. Par moments, il le fait même en marge de la loi. Les notions de *win-win* (gagnant-gagnant) ou de partage équitable relèvent du domaine des faibles et des soumis. Si vous tendez la main à un psychopathe, acceptez simplement qu'il ne se sente jamais redevable.

## Lui donner votre confiance

Même si les marques d'affection, les récompenses et les faits vous poussent à croire qu'il est honnête, n'accordez jamais votre confiance à un psychopathe. Les psychopathes les plus vicieux vous trahiront des années après avoir gagné votre confiance. Et le pire dans l'histoire, c'est que les personnes trompées leur trouveront des circonstances atténuantes. Nous l'avons même observé auprès de criminels psychopathes, ayant tissé un lien psychologique tellement puissant avec leurs voisins ou amis que ces derniers continuaient à leur trouver des excuses pour justifier leur comportement. La confiance restait inaltérée malgré les faits accablants.

Avancez prudemment, acceptez ce qu'ils peuvent vous donner si vous y trouvez un quelconque intérêt. Mais gardez toujours à l'esprit que leurs actions convergent toujours vers un intérêt personnel. Tôt ou tard.

## Lui rappeler les règles et les normes établies

> – Mais, monsieur le président, nous ne pouvons pas nous soustraire à la procédure légale, vous savez ?
>
> – Vous allez voir si on ne peut pas…

Le psychopathe méprise les lois car il les perçoit, avant tout, comme des contraintes à sa consommation immédiate. La notion de plaisir du psychopathe est très personnelle (je fais pour moi). Contrairement aux personnes non psychopathiques, il se délecte de ses victoires de façon brutale et convulsive, sans plaisir dans la durée. Il prend ce qu'il peut prendre, et si ce n'est pas possible ou trop compliqué, il fait aisément fi des lois. Il considère que les règles sont établies pour des gens soumis ou en passe de le devenir. Comme l'orgueil, mêlé à un esprit conquérant, dicte ses actions, le psychopathe agit sans vergogne et passe outre aux normes établies. Ce qui signifie que le rappel du règlement ou toute autre notion contraignante ne fonctionne pas auprès d'un psychopathe. Et généralement, cela provoque l'effet inverse, puisqu'il y voit un défi.

### Le psychopathe *serial killer*

Le cinéma et la littérature ont très largement fait la part belle aux psychopathes *serial killers*. Dès que l'on évoque le terme de « psychopathe », on pense immédiatement au *Silence des agneaux*, à *Shining*, *Scarface*, *Psychose* ou encore *Massacre à la tronçonneuse*. Ce qui différencie un Émile Louis d'un psychopathe à col blanc, c'est, entre autres, la notion de passage à l'acte et le degré de psychopathie.

Tous les psychopathes portent en eux les caractéristiques suivantes :
- absence d'empathie ;
- mépris des règles ;
- difficulté à s'engager ;
- intolérance à la frustration ;
- absence de remords et culpabilité ;
- charme superficiel ;
- manipulation.

Les psychopathes criminels vont beaucoup plus loin. Quand un psychopathe à col blanc peut détourner de l'argent ou s'affranchir de contraintes juridiques, un psychopathe profond peut agresser une personne de sang-froid ou même tuer, faute de gérer sa frustration. Généralement, ces comportements sont associés à des attitudes perverses, car dans bien des cas, ils prennent du plaisir à la souffrance des autres.

C'est donc le degré de psychopathie qui va définir le niveau du passage à l'acte.

4

# 7 PROFILS CRITIQUES

Les profils critiques sont également qualifiés de profils à risque, car leurs attitudes, leurs réactions ou leur impulsivité peuvent entraîner des débordements incompréhensibles, voire dangereux, pour ceux qui ne savent pas les anticiper.

Certains profils critiques, comme l'intoxiqué ou le psychotique, ont une altération ponctuelle ou permanente de la capacité de contrôle de leur comportement. D'autres, comme l'érostratique ou le suicidaire, sont prêts à mener des actions dramatiques pour eux ou pour leur entourage afin d'atteindre leur objectif. Dans tous les cas, un profil critique pourra basculer dans un comportement extrême qui pourrait mettre en péril la relation en général, et les personnes directement exposées plus spécifiquement.

Du fait de leur diversité et de leur imprévisibilité, les profils critiques sont particulièrement difficiles à gérer, et leur détection précoce permet d'anticiper leurs comportements dangereux pour en minimiser les risques associés.

Rendez-vous entre un infirmier libéral et une patiente traitée pour une maladie invalidante.

– Alors, madame Rose, comment allez-vous ce matin ?

– Oh, vous savez, ça ne s'arrange pas...

– Vous avez pris vos médicaments, tous ceux qui vous ont été prescrits ?

– Les médicaments, les soins, tout ça, vous savez comme moi que ça ne sert plus à grand-chose dans mon état.

– Oh, il ne faut pas dire ça, je trouve que vous avez repris des couleurs.

– En tout cas, vous avez été très gentil avec moi.

– Mais je vais continuer à l'être, vous savez.

– Oui, mais cela va bientôt s'arrêter, et je serai enfin tranquille.

– Pourquoi vous me dites cela ?

– Ne vous inquiétez plus pour moi, j'ai tout préparé, mes affaires sont réglées.

– Vous n'envisagez pas de faire une bêtise ?

– ...

Dans un tiroir de la table de nuit, l'infirmier découvrira plus de vingt boîtes de somnifères visiblement gardées par sa patiente pour mettre fin à ses jours...

## Définition

Le terme « suicidaire » caractérise un individu régulièrement tenté par le suicide ou qui évoque de manière insistante le fait de mettre fin à ses jours. Pour le suicidaire, le passage à l'acte est perçu comme une solution acceptable à la situation de détresse ou de douleur physique ou morale qu'il traverse et qu'il juge insupportable.

La volonté d'autolyse peut être le fait d'un malaise lancinant et durable, comme peuvent le ressentir un mélancolique ou un dépressif, ou le fait d'un événement ponctuel, par exemple lors de l'annonce d'une maladie grave ou la perte d'un emploi.

De manière générale, il est important de distinguer le suicidaire du suicidant. Le suicidaire évoque son suicide, de manière plus ou moins explicite, et envisage le projet de manière construite, soit en le verbalisant, soit en procédant à l'acquisition des moyens de son acte (poison, arme, outils…). Le suicidant, quant à lui, a déjà entamé le passage à l'acte ou est en train de le commettre. Dans le cadre d'une négociation, hormis pour les négociateurs de crise, nous avons généralement affaire à des suicidaires et rarement à des suicidants.

# À privilégier

## Toujours le prendre au sérieux

La manifestation d'une volonté suicidaire doit faire l'objet d'une attention particulière immédiate. Il existe en effet un mythe persistant autour du suicidaire : ceux qui en parlent ne passent jamais à l'acte. C'est faux : nos expériences montrent que plus de 70 % des suicidaires deviennent des suicidants, et certaines études annoncent près de 80 % de passages à l'acte.

> – Quand nous parlions de notre projet tout à l'heure, tu as dit que tu ne serais peut-être plus là pour le mener à bien ?
> – Oui, je pense que vous terminerez le projet sans moi.
> – Tu penses à quelque chose de grave, quand tu dis cela ?
> – Oui.
> – Tu m'inquiètes, car tu as l'air très sérieux.
> – Oui, je suis très sérieux, je crois que j'ai pris ma décision.
> – Tu parles de faire quelque chose d'irréversible ?

Quand une personne manifeste le désir de mettre fin à ses jours, c'est que sa situation est telle qu'elle n'envisage pas d'autre solution : il s'agit donc d'un cas grave qui ne doit jamais être pris à la légère.

## Verbaliser la volonté d'autolyse

Verbaliser le suicide n'a jamais poussé l'autre à passer l'acte. En mettant des mots sur l'action elle-même, on permet au suicidaire de réaliser l'ampleur et les conséquences de ce qu'il prépare, tout en lui montrant que l'on a bien compris que sa situation est telle qu'il envisage le pire.

> – Dans tout ce que vous me dites, j'ai l'impression que vous pensez au pire.
> – Oui, je ne vois plus que cela.
> – Vous parlez de mettre fin à vos jours, vous parlez de vous suicider ?
> – Oui...

## Répondre à l'appel au secours et proposer de l'aide

Le comportement suicidaire est généralement un appel au secours. S'il n'est pas encore passé à l'acte, et qu'il en verbalise le risque, le suicidaire a encore quelque chose qui le raccroche à la vie. Il faut l'ancrer dans la survie en répondant à son appel.

> – Vous avez plusieurs fois évoqué votre absence dans l'avenir, votre situation semble difficile à gérer.
> – Oui, c'est très difficile.
> – Vous avez essayé de trouver de l'aide dans votre entourage ?
> – Je ne sais pas, je me sens perdu, sans plus aucun recours.
> – Je peux vous aider à trouver ces recours, ou peut-être être moi-même ce recours ?

Quand un suicidaire s'adresse à vous, c'est que la partie de lui-même qui se raccroche à la vie voit en vous un soutien potentiel : saisissez la main tendue et proposez votre aide, de manière directe et non équivoque.

Les professionnels de la négociation de crise savent que plus une aide est proposée tôt, plus elle a des chances d'aboutir efficacement. Encouragez l'autre à solliciter l'aide de professionnels pour sortir de la situation et reprendre pied.

# À éviter

## Minimiser la situation de l'autre

Face à un suicidaire, analyser la situation avec notre propre cadre de référence serait dangereux : ce que vit l'autre ne peut être envisagé qu'à l'aune de son expérience, de son ressenti et de ses interprétations. Si je juge la menace suicidaire sans en vivre personnellement les origines, je risque de minimiser la situation.

> – Arrête de dire n'importe quoi, bien sûr que non, ce n'est pas si grave que cela.
>
> – Tu ne peux pas comprendre.
>
> – Cela ne vaut vraiment pas la peine de voir les choses en noir. On va sortir, cela va te changer les idées...

L'objectif n'est pas d'évaluer la gravité objective de la situation de l'autre, mais d'évaluer la gravité de la détresse ou de la souffrance éprouvées par l'autre. L'implication juste, évoquée dans la première partie de cet ouvrage, revêt là une importance particulière : trop peu impliqué, je vais laisser penser à l'autre que je suis désinvolte. Trop impliqué, je risque de perdre mon objectivité et de tomber dans l'engagement émotionnel, source d'interprétations erronées.

## Donner des leçons de morale

Une personne en situation de détresse attend un soutien, pas un jugement. Il ne faut pas donner de leçon de morale au suicidaire, en l'incitant par exemple à vivre par obligation vis-à-vis de ses proches ou pour ne pas donner une mauvaise image de lui-même.

> – Allez, soyez sérieux, et secouez-vous un peu au lieu de vous apitoyer. Si vos proches vous voyaient, quelle image auraient-ils de vous ?

L'attitude de jugement est basée sur le fait que nous considérons notre cadre de référence comme la grille d'analyse de toutes les situations : en voulant le coller sur le vécu d'une autre personne, en l'occurrence le suicidaire, nous biaisons l'analyse objective et nous jugeons l'autre en fonction de nos propres valeurs, et non des siennes.

## Considérer le suicide comme un acte de folie

Les suicidaires sont généralement des personnes posées et réfléchies. Seuls 10 % des suicidaires que nous avons étudiés étaient des psychotiques en crise, tous les autres avaient la tête sur les épaules. Menacer de mettre fin à ses jours n'est pas anodin, et c'est généralement le fait d'un individu tout à fait rationnel et organisé.

# 2. LE PERVERS

Réunion de travail entre M. Étienne, chef de service, et une collaboratrice.

– Madame Irène, vous êtes incompétente. Je suis désolé, mais tout ce que vous faites est nul.

– Mais, monsieur Étienne, je fais de mon mieux, vous le savez.

– Ce que je vois, c'est que tout ce que je vous ai confié comme travail n'a pas été fait correctement.

– Mais si, j'ai réussi toutes les tâches que vous m'avez confiées.

– Vous appelez ça réussir ? Je dois tout refaire, comme chaque fois.

– Je ne vous comprends pas, monsieur Étienne.

– Vous ne comprenez rien à rien, vous êtes nulle.

– Vous ne pouvez pas dire ça ! Je travaille douze heures par jour et cela ne vous convient jamais !

– Mais pourquoi vous énervez-vous ?

– C'est vous qui m'énervez !

– Vous perdez vos nerfs. J'essaye de vous aider, de vous donner des conseils, et vous vous en prenez à moi.

– Mais...

– Je fais tout ce que je peux pour vous soutenir, et vous me mettez ça sur le dos. Franchement, je ne sais plus quoi faire pour vous aider, vous devriez vous faire soigner...

– Mais je ne suis pas malade !!!

– Vous vous rendez compte du mal que vous me faites, madame Irène ?

# Définition

Le pervers est un individu qui fait souffrir les autres et qui y trouve du plaisir. Toute son énergie repose sur le mal qu'il peut faire à son entourage, et les moyens pour parvenir à ses fins sont toujours mis en œuvre de manière organisée et méthodique : le pervers est un expert en manipulation.

Au premier abord, le pervers est séduisant, drôle, intelligent, et il se montre prêt à aider en toute circonstance. Mais dès qu'il exerce son emprise sur l'autre, il déroule méthodiquement ses outils : la peur, la culpabilisation, les violences psychologiques…

Le pervers passe tour à tour du rôle de protecteur à celui de persécuteur, avec une dextérité qui amène le plus souvent l'autre à penser que ce changement de posture est de sa faute, et que le pervers est en fait la victime de son attitude.

Ce qui caractérise également le pervers, c'est la permanence du rapport de force qu'il impose : séduction, menace, domination, il se complaît dans les rôles de « petit chef ». Il n'hésite pas à transformer la réalité, à interpréter les faits pour toujours les retourner contre l'autre, mais sans le faire de manière directe : il donnera toujours le sentiment à l'autre que c'est lui qui interprète les faits.

Quand le pervers se couple au narcissique, le système s'autoalimente : le pervers narcissique est unique au monde, fait tout mieux que les autres, a tout inventé, et si cela fait souffrir ceux qui l'entourent, il y prend du plaisir. C'est un cercle vicieux auto-entretenu qu'il faut fuir au plus vite.

# À privilégier

## Envisager la fuite

Face à un pervers, la solution la plus simple réside dans la fuite, dans la décision de mettre un terme à la relation.

> – Écoutez, monsieur Lambert, je crois que nous allons en rester là.
> – Comment ça ?

- Oui, votre comportement avec moi n'est pas acceptable, donc c'est la dernière fois que nous nous voyons.
- Mais pourquoi dites-vous cela ? Vous vous énervez, ce n'est pas une bonne chose, vous savez.
- Au revoir, monsieur Lambert.

La prise de distance permet de se sortir de l'emprise du pervers et de retrouver une vision objective de la situation. Ce qui peut maintenir une personne sous l'influence d'un pervers, c'est son incapacité à voir la réalité, enfermée dans le système de culpabilisation et d'isolement qu'il a construit autour d'elle. En fuyant son emprise, elle pourra voir les choses comme elles sont vraiment et non pas comme le pervers ne cesse de les lui montrer.

La prise de distance est aussi un moyen de renouer avec son entourage, le pervers étant un expert pour isoler l'autre de toute relation véritable et le couper de ses amis, de ses proches ou de sa famille.

## Dire stop

Quand les comportements du pervers sont identifiés, on peut les verbaliser très clairement, sans ambiguïté.

- Alors, tu as encore fait n'importe quoi avec les enfants.
- Arrête ton petit jeu, ça ne marche pas.
- Mais quel petit jeu ? Tu divagues, tu vois des choses qui n'existent pas.
- Ça ne marche pas, je te dis. Tu perds ton temps.
- Tu deviens folle, tu sais ?
- Mais oui, c'est ça. Allez, stop, tu ne me fais plus peur, je vois clair dans ton jeu.

Le pervers a du mal à supporter d'être « démasqué » par sa victime. Il se voit comme un expert en manipulation, persuadé que ses actions sont à ce point subtiles qu'elles sont indétectables. Quand il est pris la main dans le sac, il peut parfois s'emporter et perdre son légendaire sens du contrôle, jusqu'à la violence physique, ce qui devra déclencher systématiquement une plainte auprès des forces de l'ordre.

Faire face à un pervers, s'opposer à ses manœuvres demande beaucoup de confiance en soi. Il est intéressant de pouvoir s'appuyer sur des alliés à ce moment, des personnes qui ont également identifié le pervers et qui sont prêtes à vous soutenir dans votre action.

## Le renvoyer à son mode de fonctionnement

Il ne faut jamais se justifier face à un pervers, car il retournerait les arguments avec habileté pour développer de la peur ou de la culpabilité. Une bonne technique pour le renvoyer à son mode de fonctionnement est de répondre à une attaque par une question ouverte, en le poussant à s'exprimer sur lui-même, sur son mode d'action et sur ce qui le justifie.

> – Vous nous avez fait perdre du temps sur le projet, votre incompétence va nous coûter cher.
>
> – En quoi ai-je fait perdre du temps au projet ?
>
> – Je vais être obligé de recommencer une partie de votre travail.
>
> – Quelle partie de mon travail ne vous convient pas ?
>
> – Votre analyse du marché espagnol n'est pas complète, et même erronée.
>
> – Qu'est-ce qui est erroné, d'après vous ?
>
> – Tout est faux !
>
> – Mais plus précisément, quelles sont les données qui sont fausses ?
>
> – Je vous dis que tout est faux !
>
> – Vous vous énervez, cela n'en vaut pas la peine, vous ne croyez pas ?

En reformulant ses affirmations de manière interrogative, vous l'amenez à se justifier lui-même et à verbaliser ses incohérences. S'il s'emporte, vous pouvez retourner sa technique de culpabilisation contre lui, et le prendre à son propre jeu. Si son système d'action ne fonctionne plus avec vous, il trouvera une autre victime plus facile.

# À éviter

## Vouloir le faire changer

On ne peut pas faire changer quelqu'un contre son gré. Le pervers n'a pas l'impression d'être malade ou de devoir être aidé dans l'amélioration de ses comportements.

> – Vous savez, ce que vous faites subir à votre équipe n'est pas juste.
> – Vous pensez savoir ce qui est juste ?
> – Non, mais je pourrais vous aider à les manager plus efficacement.
> – Vous trouvez que je ne suis pas efficace ? J'ai les meilleurs chiffres de tous les services commerciaux de l'entreprise.
> – Mais à quel prix ? Vous devriez revoir vos méthodes.
> – Vous voulez que l'on parle de vos résultats ? Vous viendrez me donner des leçons quand vous serez aussi performant que moi.

Faire accepter à un pervers que son comportement n'est pas acceptable est pratiquement impossible. Au contraire, il pourrait utiliser toute proposition de soutien comme un moyen d'exercer son emprise.

Du fait de son incapacité à vouloir changer profondément, il n'est pas rare qu'un pervers finisse ses jours tout seul : ceux qui ne l'ont pas fui lui ont dit avoir identifié ses actions manipulatoires, et plus personne ne souhaite être sa victime.

## Rentrer dans son système de culpabilisation

Le pervers est un champion des inductions : sous couvert de constats, de conseils ou de propositions d'assistance, il va amener l'autre à entrer dans une spirale infernale de culpabilisation dont il va se repaître.

> – Tu sais, ce que je te dis, c'est pour toi.
> – Mais tu crois vraiment que c'est de ma faute si mon équipe ne performe pas comme elle le devrait ?
> – Non, ce n'est pas uniquement de ta faute, mais...
> – Mais un peu quand même ?
> – Je sais que tu fais de ton mieux, c'est déjà ça.

– J'essaye, mais ce n'est pas si simple.

– Rien n'est simple, mais le résultat est là : ton équipe est nulle.

– C'est peut-être moi qui suis nul...

– Mais je vais t'aider, pour progresser.

– Tu ferais cela ?

– Oui, si je peux t'aider, je le ferai avec plaisir. Allez, tu vas t'en sortir.

– Merci, je ne sais pas ce que je ferais sans toi...

En acceptant de rentrer dans son jeu, vous allez devenir la parfaite victime de son système sans fin : culpabilisation, soutien, jugement, culpabilisation, soutien, jugement.

## Reconnaître qu'il vous fait souffrir

C'est très certainement la pire erreur. Le pervers se nourrit de la souffrance qu'il produit sur les autres : en reconnaissant qu'il y parvient, vous accréditez sa réussite et l'encouragez à ne pas cesser.

– Ce que tu me dis me fait beaucoup de mal, tu sais ?

– Mais loin de moi l'idée de te faire du mal, au contraire.

– Tu te rends compte de l'impact de tes paroles ? Je ne dors plus la nuit, je viens travailler à reculons, j'ai des ulcères...

– Je ne vois pas pourquoi tu te mets dans des états pareils.

Loin de l'arrêter, la verbalisation de la souffrance qu'il procure aux autres va l'encourager à continuer, voire à en rajouter.

# 3. LE VIOLENT

Une salle de classe dans un établissement d'enseignement profession-nel, un enseignant s'adresse à un élève à qui il a mis une note en dessous de la moyenne.

– Bonjour Kevin, ça va aujourd'hui ?

– Non, ça ne va pas.

– Que se passe-t-il ?

– Vous le savez très bien. Vous m'avez mis une mauvaise note, je vais être collé, et je vais devoir revenir ici samedi matin.

– Je t'ai mis la note que tu méritais.

– Non, merde ! Je révise, je bosse tous les soirs, et je n'y arrive pas !

– Je sais, mais tu...

– Arrêtez de me parler comme à un gamin !

– Mais...

– Putain, mais vous allez arrêter, oui ?! Enlevez-moi cette note tout de suite !

– Je ne peux pas...

– Vous allez voir si vous ne pouvez pas !

Kevin renverse la table du professeur et tout ce qui s'y trouve. Il sera finalement maîtrisé par un surveillant avant de retrouver son calme.

## Définition

L'individu violent est caractérisé par des comportements réguliers de passage à l'acte agressif d'une intensité telle qu'il peut faire craindre pour l'intégrité de la personne qui en est victime. Dans l'analyse du profil violent, il est question de celui ou celle qui a des comportements de violence habituels, quasi pathologiques, et non des personnes qui ont eu une attitude violente de manière très épisodique.

La violence est liée à la notion de frustration : pour faire face à une situation de frustration ou de perte de contrôle, le recours à un comportement hétéro-agressif violent est pour son auteur la seule solution envisageable. Il ne voit pas d'autre moyen de maîtriser la douleur liée à sa frustration ou à son impuissance, et préfère le passage à l'acte sans en anticiper les conséquences potentielles. Quand ce comportement s'avère efficace, et que l'individu violent obtient ce qu'il souhaite par cette attitude, la violence devient son mode d'action unique : il ne connaît plus d'autre moyen pour obtenir ce qu'il désire, c'est le renforcement positif de l'attitude de violence.

Les fondements de l'individu violent peuvent être multiples :
- une incapacité à gérer la colère ou la peur, qui se dégrade en agressivité et/ou en angoisse, ce qui génère une violence salvatrice pour gérer sa frustration ;
- la considération que la violence est un mode de gestion des relations sociales acceptable et qu'elle ne va pas à l'encontre des règles de la vie en société ;
- l'appartenance à un groupe social qui prône la violence comme mode d'expression ;
- l'utilisation de modificateurs comportementaux qui altèrent l'état de conscience et qui lèvent les inhibitions.

Quand il est en crise de violence, l'individu va vivre une mise sous tension rapide, qui va s'exprimer par des micro-expressions de peur, de colère, et une micro-gestuelle typique : crispation, accélération du rythme respiratoire, rougeur ou pâleur instantanée… À la suite de cette mise sous tension, l'individu va littéralement « exploser » et laisser sa violence s'exprimer. Il va enfin connaître une phase de retour au calme, plus ou moins rapide, selon l'intensité de la violence dont il a fait preuve.

# À privilégier

## Détecter les signaux de passage à l'acte

Une personne violente va avoir des attitudes préalables à son expression agressive. La plupart de ces signaux sont non verbaux, et leur expression est incontrôlable. En effet, la montée en tension de l'individu va générer des réactions proches de ce que l'on observe en situation de stress : crispation des mains, du visage, accélération du rythme respiratoire, rougeur de la face ou au contraire pâleur instantanée ; autant de signaux qu'il faudra anticiper pour tenter de neutraliser le passage à l'acte violent.

## Verbaliser l'émotion

Les comportements violents étant le plus souvent le corollaire d'une frustration, induisant des émotions comme la colère ou la peur, la verbalisation des émotions perçues est une bonne manière de « désamorcer » le passage à l'acte agressif.

> – Cela fait trois mois que j'attends le règlement de ma facture ! Ça va durer jusqu'à quand ?!
>
> – Je ne sais pas ce qui se passe, je viens juste de prendre en compte votre dossier.
>
> – Merde, c'est pas vrai, on va encore tout reprendre à zéro, c'est ça ?!
>
> – Non, je...
>
> – Putain, je vais tout casser, vous allez me la payer, ma facture !!!
>
> – Monsieur, je comprends que vous soyez en colère, le règlement aurait dû être fait. Je n'ai pas encore tous les éléments en ma possession pour vous régler immédiatement, mais je vais faire au plus vite.
>
> – Vous avez intérêt, sinon je reviens et je défonce tout ici !

Verbaliser l'émotion permet de montrer à l'individu violent que l'on a bien perçu ce qui motive son accès de fureur. On peut légitimer une émotion, mais pas le comportement violent qu'elle suscite.

## Se protéger physiquement

Quand la verbalisation de l'émotion ne suffit pas, et que l'individu violent s'apprête à passer à l'acte, pensez à vous protéger s'il n'en reste pas à la violence verbale mais passe à l'acte physique :

- appelez à l'aide et demandez un soutien aux personnes autour de vous ;
- gardez une distance de sécurité d'au moins deux mètres entre vous et l'individu violent quand il est en phase aiguë ;
- positionnez-vous derrière un bureau, une chaise, pour mettre un obstacle entre l'agresseur et vous ;
- en cas d'agression physique, protégez-vous en levant vos avant-bras à hauteur du visage. Si vous tombez au sol, roulez-vous en boule et cessez tout mouvement qui pourrait maintenir le niveau d'excitation de l'agresseur.

Lors d'un épisode de violence, la fureur de l'individu annihile ses facultés cognitives et ses mécanismes autoprotecteurs. Dès lors, il peut adopter des comportements potentiellement dangereux pour l'intégrité physique de sa victime.

# À éviter

## Répondre par l'agressivité

L'acte de violence va générer chez vous un sentiment d'injustice et d'impuissance qui pourrait laisser à votre ego le contrôle de votre comportement. Or, l'ego est un excellent esclave, mais un très mauvais maître.

> – Vous allez arrêter votre bruit, j'aimerais bien dormir !
> – Qu'est-ce que j'en ai à faire que tu veuilles dormir ?!
> – Tu veux que je te montre ce que tu en as à faire, abruti ?
> – Ah oui, tu veux que je monte ?!
> – Non, c'est moi qui descends, je vais te refaire le portrait !
> – C'est ça, viens, je vais t'exploser la tête !

Face à un individu violent, répondre par l'agressivité ne ferait qu'accélérer la spirale de la violence et engendrer une escalade qui pourrait se terminer par un pugilat. Garder le contrôle de soi permet de garder le contrôle de la situation.

## Se soumettre

En vous soumettant systématiquement à un individu violent, vous allez renforcer chez lui la perception que la violence est un bon moyen d'arriver à ses fins. Cet effet, appelé « renforcement positif » ou « effet Thorndike », accrédite le fait qu'en étant violent, on obtient la soumission des autres.

> – Tu vas la prêter, ta voiture, ce week-end ?
> – Heu... non, j'en ai besoin.
> – Putain, prête-moi ta voiture ou je t'accroche au portemanteau !
> – Heu... oui, je vais voir.
> – Tu ne vas rien voir ! Donne-moi tes clés !
> – Oui, bien sûr... Heu... Tiens, les voilà.

Face à un individu violent, il faut en faire part à votre entourage, à vos proches, et ne pas hésiter à solliciter les services de police en déposant une plainte.

## Trouver des excuses

L'agressivité peut parfois être comprise, mais l'agression ne peut pas l'être. Si vous trouvez des excuses à un individu violent, vous légitimez ses passages à l'acte et vous lui ôtez toute responsabilité dans les actes qu'il commet.

> – Jean est quelqu'un de violent, je l'ai déjà vu avec toi, tu ne devrais pas le laisser te traiter comme ça.
> – Tu sais, ce n'est pas grave.
> – Si, c'est très grave, et je sais que tu ne me dis pas tout.
> – Il est stressé au travail, c'est pour cela que parfois il s'emporte. Mais je gère...

– Il est violent et tu lui trouves des excuses ?!
– Ce n'est pas si simple, il n'a pas eu une vie facile...

En excusant l'inexcusable, on légitime un comportement qui ne doit jamais être accepté dans le cadre de relations interpersonnelles.

# 4. LES MODIFICATEURS COMPORTEMENTAUX

Réunion d'une équipe projet dans le secteur du BTP.

– Bien, merci à tous d'être là. Il nous manque M. Harold, non ?

– Il arrive, il est aux toilettes, je crois.

– Il est malade ? Toujours pareil ?

– Oui, il avait un déjeuner avec un client, je crois qu'ils ont goûté les produits du terroir. Comme d'habitude, quoi...

– Oui, comme d'habitude (soupir)...

M. Harold entre dans la pièce.

– Bonjour...

– Bonjour, monsieur Harold.

– Heu... désolé, je ne trouvais pas la salle. J'ai...

– La salle est à côté de votre bureau, monsieur Harold.

– Ah, oui... Bon...

– Vous êtes sûr que ça va ?

– Oui... Alors... Un peu fatigué, mais ça va...

– C'est votre déjeuner qui vous a fatigué ?

– ...

– Vous sentez l'alcool, monsieur Harold.

– Non, mais... le client a voulu qu'on trinque, alors, je ne pouvais pas dire non.

– Vous êtes comme cela tous les jours, monsieur Harold. Vous en avez conscience ?

– Non, là, c'est exceptionnel... je vous promets.

– Ça ne peut pas continuer comme cela, on ne sait jamais si l'on peut se fier à vous, ni dans quel état vous serez à chaque réunion !

– Non, mais ça va aller mieux, je vais lever le pied… sûr… enfin… vous savez…

# Définition

Les modificateurs comportementaux (MC) regroupent l'ensemble des substances psychoactives, plus ou moins toxiques, qui par leur absorption ponctuelle ou régulière agissent sur le système nerveux central et modifient fortement le comportement de celui qui les consomme. Parmi ces produits, certains sont des « euphorisants », comme la cocaïne ou les amphétamines, d'autres sont « dépresseurs », comme l'alcool ou le cannabis. Dans tous les cas, ces produits impactent considérablement la capacité relationnelle de leur usager.

Les raisons qui poussent un individu à consommer des modificateurs comportementaux peuvent être variées, mais elles ont pratiquement toutes un objectif final : combler un manque de confiance, qui peut aller jusqu'à des angoisses profondes. Ceux qui décident d'absorber un produit potentiellement toxique doivent avoir une motivation particulière, et d'expérience, c'est généralement la volonté de surmonter un manque de confiance en soi qui l'emporte sur la nécessité de préserver sa santé ou son intégrité physique.

Face à ce manque de confiance, l'individu dépendant aux modificateurs comportementaux peut rechercher deux parades : l'oubli ou la transcendance. Il peut tenter d'éluder son problème en essayant de l'oublier ou de le faire disparaître de son champ de conscience. Les alcooliques le disent souvent : « Je bois pour oublier mes problèmes. » Il n'est pas rare que la consommation de MC se déroule dans le cadre de moments festifs, qui sont le plus souvent organisés pour justifier cette consommation. Au contraire, le consommateur peut vouloir essayer de se transcender, de booster de manière artificielle sa confiance en lui et de se désinhiber pour oser faire des choses que son manque de confiance l'empêche généralement de faire. Dans les deux cas, la qualité relationnelle est lourdement impactée, au détriment de l'intérêt des parties prenantes.

Il n'est pas rare, quand on n'y est pas sensibilisé, de confondre un individu dépendant aux MC avec un bipolaire. En effet, il va avoir des phases euphoriques plus ou moins longues quand il aura consommé ces substances, puis ressentir des phases de dépression appelées « *down* », au moment où les effets psychoactifs des produits vont se dissiper. Pour éviter le « *down* », l'individu va être tenté de consommer une nouvelle fois et entrer dans le cercle vicieux de la dépendance.

Outre la modification du comportement, ces produits génèrent avec le temps une dépendance physique et/ou psychologique qui peut exacerber les comportements agressifs : en période de sevrage ou de manque, le consommateur de ces substances peut avoir des réactions auto-agressives ou hétéro-agressives violentes.

# À privilégier

## Rester calme et patient

Face à une personne sous l'emprise de modificateurs du comportement, il convient de se montrer patient et de garder la maîtrise de soi en toute circonstance. Faire face à un individu intoxiqué peut s'avérer très énervant : il gâche la qualité de la relation en décidant volontairement de consommer des substances psychoactives néfastes, et ses comportements sont souvent inappropriés du fait de la désinhibition générée.

> – Bonjour, je peux vous aider ?
> – Oui, m'aider, c'est ça… (rires)
> – Vous êtes à la recherche d'un produit en particulier ?
> – Ben non, je regarde tout ce que vous avez, c'est beau, vraiment (rires).
> – Visiblement, ce sont les produits Apple qui vous intéressent ?
> – C'est bien, ça, Apple, c'est la pomme, c'est ça ?
> – Oui, la marque à la pomme. Je vous montre comment ça marche ?
> – Je sais comment ça marche, j'en ai eu un, mais bon, je l'ai cassé (rires).
> – Vous voulez voir lequel ?

– Celui que vous voulez... Celui-là, tiens, c'est le plus beau, non ?!

– Alors, je vous montre.

– C'est ça, on va faire ça, vous me le montrez.

– Vous allez voir, c'est simple.

Face à un consommateur sous l'emprise de modificateurs comportementaux, il faut ajuster son discours pour être compréhensible : s'il ne comprend pas bien ce que vous lui dites, il pourrait s'emporter ou s'enfermer dans un mutisme stérile. Il convient donc de parler plus lentement, d'utiliser des mots simples et non équivoques, de répéter les termes importants et symboliques, de faire des constructions de phrases concises, et d'éviter au maximum les abstractions qui vont « noyer » l'individu.

## Reporter la rencontre au bon moment

Les modificateurs comportementaux ont un effet limité dans le temps, même quand ils sont consommés de manière régulière. Face à une personne sous l'emprise de l'un d'eux, il est préférable de reporter la discussion.

– Tu as l'air bien excité, aujourd'hui.

– Non, juste que j'ai plein de boulot, alors il ne faut pas traîner.

– Oui, mais j'ai assisté à la réunion de ce matin, au cours de laquelle tu as pris la parole, je t'avoue que je n'ai pas tout compris, et je n'étais pas le seul.

– C'était clair, pourtant, non ?

– Tu étais très speed, tu passais du coq à l'âne, franchement, je n'ai pas tout saisi...

– Mais ça va aller, là.

– Je te trouve encore pas mal excité, je te propose qu'on se voie en fin de journée, si tu es plus « zen ».

– Non, mais ça va, juste un peu stressé par le boulot.

– Justement, j'ai besoin de calme pour le projet dont je veux te parler. Donc, on se revoit tout à l'heure si tu veux bien.

Une personne sous l'effet d'un produit excitant peut avoir des propos décousus, sans queue ni tête, et ne plus se souvenir en fin de conversation de ce dont elle a parlé au début. Dans ce cas, il est préférable de différer la rencontre, en lui faisant comprendre que c'est bien à cause de son état que l'on ne peut pas aller plus loin, mais que dès qu'il sera revenu « à la normale », les choses reprendront leur cours.

## Pousser à la prise de conscience

Les usagers d'alcool et/ou de produits stupéfiants sont généralement conscients de ce qu'ils font, mais ils ne voient pas toujours le risque encouru ni l'ampleur des dégâts que cela cause sur leurs relations. Il faut susciter la prise de conscience sans pour autant juger l'autre, un équilibre qu'il n'est pas facile de maîtriser.

> – Ça va aller, je suis un peu crevé en ce moment.
> – Tu as l'air fatigué, ce n'est pas la première fois.
> – Oui, ça m'arrive de temps en temps.
> – Je dois t'avouer que j'ai du mal à comprendre : il y a des jours où tu es très dynamique, rien ne t'arrête, et d'autres où l'on ne peut pas compter sur toi.
> – Ça va passer, j'ai des petits coups de mou ces temps-ci.
> – Tu as déjà consulté ?
> – Un médecin ?
> – Ou un psy, il pourrait peut-être t'aider.
> – Non, tout va bien de ce côté, pas de souci.
> – De ce côté ? Alors il y a un autre côté qui va moins bien ?
> – Rien n'est simple, tu sais.
> – Tu consommes des produits qui agissent sur ton comportement ?
> – …
> – Je ne te juge pas, tu sais, j'ai juste envie de t'aider…

Si la prise de conscience est faite, il ne faut pas hésiter à proposer de l'aide, il est difficile pour une personne sujette à des intoxications régulières de se sortir de l'engrenage toute seule.

# À éviter

## Aborder le problème « à chaud »

Les personnes qui sont régulièrement sous l'emprise de modificateurs comportementaux sont parfaitement conscientes de ce qu'elles font, mais elles n'ont pas toujours envie d'en parler. En phase active, communément appelée « à chaud », il vaut mieux éviter d'aborder directement le problème. Quand ils sont sous l'effet de modificateurs comportementaux et que leurs comportements sont fortement modifiés, généralement en phase maniaque, les individus consommateurs peuvent avoir des réactions violentes. Il vaut mieux attendre pour aborder le sujet.

> – Vous avez encore bu, je le sens d'ici.
>
> – Non, je n'ai rien bu, lâchez-moi !
>
> – Arrêtez de me raconter des histoires, tout le monde sait que vous picolez.
>
> – Putain, lâchez-moi, je ne bois pas ! Foutez-moi la paix et occupez-vous de vos problèmes !

En appuyant là où ça fait mal, vous risquez de toucher le point faible de l'individu, c'est-à-dire son manque de confiance en lui. Pour restaurer son ego, il risque d'avoir une réaction exagérée, jusqu'à l'agression physique.

## Le culpabiliser

Générer une prise de conscience chez l'individu est une chose, le culpabiliser en est une autre, bien différente et bien plus risquée. Un consommateur d'alcool ou de stupéfiants sait parfaitement que son attitude, parfois jusqu'à l'addiction, n'est pas dans les normes sociales. L'inconfort et le sentiment de culpabilité qu'il éprouve l'amènent à vouloir masquer ses ressentis par des manœuvres de manipulation et de dissimulation : il fait souvent reposer la responsabilité de son addiction sur son environnement, son travail, ses collègues, ses proches. On peut être tenté de le mettre face à sa responsabilité, pour l'aider pense-t-on, mais en le culpabilisant, on va exacerber son déficit de confiance en lui et accroître l'angoisse associée.

> – Ils en demandent toujours plus, au boulot, il faut bien que je cherche un peu d'aide.
>
> – Les stupéfiants, tu appelles ça une aide ?
>
> – Si je pouvais faire autrement, je le ferais, crois-moi, mais je n'y peux rien.
>
> – Si tu te drogues, c'est ta faute, personne ne te force.
>
> – Tu ne peux pas comprendre.
>
> – Si, je comprends, la vie est dure pour tout le monde, et toi tu préfères la facilité chimique. Fais comme moi, accroche-toi et reviens dans la vraie vie !

En le faisant culpabiliser, on fait perdre la face à l'autre, au risque de le pousser vers les deux issues les plus aisées : la fuite psychologique, autrement dit le mutisme ou l'interruption de la relation, ou l'emportement, jusqu'à l'agression verbale ou physique.

## L'infantiliser

Le dépendant aux modificateurs comportementaux est généralement en situation de faiblesse, ce qui le pousse à utiliser des « béquilles » psychologiques. L'infantiliser ne ferait qu'accroître son sentiment de dévalorisation et d'impuissance, accentuant encore son angoisse et sa culpabilité. En voulant tout faire à sa place, on l'incite à ne plus faire le moindre effort pour revenir à un mode relationnel plus adapté.

> – Je vois que vous ne vous en sortez pas, votre problème d'alcool est encore préjudiciable au bon fonctionnement du service.
>
> – Je vais faire un effort, je vous assure.
>
> – Vous savez ce que je vais faire ? Vous allez quitter l'équipe projet. Pour un temps, je vais demander à M. Robert de reprendre votre partie, et vous allez travailler sur des dossiers plus simples.
>
> – Non, non, je vais y arriver, j'ai presque fini la partie la plus difficile.
>
> – Allons, soyez raisonnable, vous allez vous mettre « au vert », on va s'occuper de vous, vous allez être comme un coq en pâte.

- Je peux m'occuper de moi tout seul.

- Mais ce sera plus simple si l'on organise les choses pour vous. Vous verrez, ça va aller mieux.

En déchargeant l'autre de toute responsabilité, en supposant que cela va l'aider, on va le positionner dans le rôle de l'enfant soumis à ses parents tout-puissants, incapable de réfléchir par lui-même et de prendre les décisions le concernant. Loin de l'aider, cette attitude va le dévaloriser profondément et l'enfoncer un peu plus dans une impuissance dévastatrice.

# 5. LE SYNDROME ÉROSTRATIQUE

Rendez-vous entre un conseiller de Pôle Emploi et M. Paul, demandeur d'emploi.

– Bonjour, monsieur Paul, je souhaite faire un point avec vous, car je vois que vous n'êtes resté qu'une semaine sur votre dernier poste, et je voulais comprendre ce qui s'était passé.

– C'était des imbéciles, dans cette boîte, ils m'ont pris pour un manœuvre, j'ai passé quatre jours à faire des photocopies. Ils n'ont pas su voir ce que je pouvais leur apporter.

– Mais vous savez que c'est exactement pour cela qu'ils vous avaient recruté, pour la reprographie ?

– J'ai fait des études, ce n'est pas pour rester planté devant une photocopieuse.

– Vous savez, il n'y a pas de sot métier, et vous commencez par les photocopies pour ensuite évoluer dans l'entreprise.

– Un jour, vous savez, tout le monde saura de quoi je suis capable.

– C'est-à-dire ?

– Vous verrez. Un jour, le monde entier saura qui je suis, et tous ceux qui m'ont pris pour un idiot s'en mordront les doigts.

– Vous m'inquiétez, quand vous dites cela.

– Ne vous inquiétez pas, bientôt, tout le monde me reconnaîtra...

## Définition

En l'an 356 avant J.-C., un Éphésien nommé Érostrate a détruit le temple d'Artémis, à Éphèse. Condamné à mort pour son acte, et alors qu'il était amené sur le lieu de son exécution, il aurait glissé à l'oreille du bourreau : « Vous allez tous vous souvenir de moi. » Bien que les Éphésiens aient interdit de prononcer son nom, Érostrate a réussi son pari, il est entré dans l'Histoire : en détruisant le temple d'Éphèse, il est devenu plus connu que l'architecte qui l'avait bâti.

Le syndrome érostratique caractérise une personne qui recherche une reconnaissance retentissante par l'acquisition de la célébrité, et ce quels que soient les moyens pour y parvenir. Les actes peuvent être criminels, comme des meurtres de masse, mais il ne faut pas seulement voir chez l'érostratique des actes monstrueux ou grandioses : on peut aussi constater des actes considérés comme inutiles ou sans motivations objectives, mais qui ont pour seul but d'attirer l'attention de manière durable sur leur auteur.

Il n'est pas rare que l'érostratique envisage de mettre fin à ses jours quand l'acte qu'il a réalisé pourrait le conduire devant un tribunal. Il préférera toujours la publicité de son acte à la publicité de sa mise en cause.

# À privilégier

## Détecter les signaux précoces

L'érostratique prépare généralement son passage à l'acte longtemps à l'avance, car le plaisir de la préparation fait également partie de sa stratégie de recherche de célébrité. Dans sa quête de reconnaissance, et obnubilé par l'acte qu'il envisage, l'érostratique va vouloir annoncer ce qu'il va faire, souvent de manière anodine, mais claire et directe. La détection des signaux précoces est alors possible pour celui qui y est attentif.

> Une rencontre entre deux collègues de travail.
> - Ça va, pas trop déçu de ne pas avoir eu le poste que tu visais ?
> - Non, ça va, ne te fais aucun souci pour moi.
> - Je pensais que tu serais plus déçu que ça.
> - Ce n'est rien, juste un impondérable sans importance.
> - Pourquoi, tu as d'autres projets ?
> - Un gros truc, tu verras, vous allez tous vous souvenir de moi après ça...

Dans sa soif de reconnaissance, l'érostratique résiste rarement au plaisir d'éveiller la curiosité de son entourage, et ses signaux précoces sont clairement annoncés. À ce stade, il est primordial d'envisager le risque de passage à l'acte en jaugeant la détermination de l'individu.

## Valoriser ses actions déjà réalisées

Une des meilleures façons de neutraliser un risque de passage à l'acte chez un érostratique est de valoriser ce qu'il a déjà réalisé, pour le dissuader d'en faire plus.

> – Je vais faire quelque chose qui marquera les esprits, vous verrez.
>
> – Vous savez, quand je regarde votre parcours et ce que vous avez déjà accompli, je trouve que c'est assez impressionnant.
>
> – Vous trouvez ?
>
> – Oui, vous avez réussi des choses intéressantes, je ne suis pas certain que j'y serais parvenu moi-même.
>
> – C'est vrai que j'ai fait des choses marquantes.
>
> – Oui, je pense qu'elles ont dû marquer ceux qui en ont eu connaissance.

L'érostratique cherche à prouver à son entourage que l'on aurait dû reconnaître plus tôt son talent, ses compétences ou sa situation particulière. Si on valorise le parcours qu'il a d'ores et déjà réalisé, il peut trouver la part de célébrité qu'il pense mériter.

## Lui redonner confiance en lui

Le syndrome érostratique manifeste souvent un manque de confiance en soi, et un sentiment de frustration récurrent. Au fond de lui, l'individu se sent souvent médiocre, et il a généralement subi des pertes avant d'avoir l'idée de réaliser un acte remarquable : perte d'emploi, rupture amoureuse, éviction d'une communauté.

> – Je sais que les dernières semaines ont été un peu difficiles pour vous et que vous avez eu des revers, mais je sais que vous êtes quelqu'un de bien, j'en suis sûr.

– C'est rare qu'on me dise des choses comme cela.

– Quand je vois ce dont vous êtes capable, je suis certain qu'on pourrait envisager de vous confier des tâches à la mesure de votre talent.

– Pourquoi pas, il faudrait voir, c'est intéressant.

S'il sent que vous reconnaissez les talents qu'il s'attribue, l'érostratique peut avoir envie de maintenir la relation avec vous et de livrer des informations qui pourraient permettre d'identifier plus précisément l'acte qu'il prépare, voire de l'en dissuader, du moins dans l'immédiat.

# À éviter

## Se moquer de lui

Comme avec toutes les personnes en quête de reconnaissance (le narcissique, l'histrionique…), l'érostratique ne supporte pas d'être déconsidéré, et la moquerie est pour lui une marque de défiance qui ne pourrait que renforcer son envie de passer à l'acte.

– Alors, toujours à buller dans les couloirs ?

– Je ne bulle pas, je travaille.

– Tu appelles ça du travail ? Mon gamin ferait mieux.

– Bientôt, tu verras ce dont je suis capable, et tu regretteras de m'avoir pris pour un imbécile.

– Tu n'es qu'un loser, je n'y peux rien.

– Tu verras…

En plus de sa recherche de reconnaissance, l'acte envisagé pourrait avoir un objectif de vengeance vis-à-vis de ceux qui se sont moqués, et ceux-ci pourraient même devenir l'objet de l'acte en question.

## Montrer l'inutilité de son comportement

Un comportement ne doit être envisagé que dans le cadre de référence de son auteur, ou de celui qui envisage de le commettre : si l'acte vous paraît inutile ou irréaliste dans votre propre cadre, il ne l'est certainement pas pour l'individu sujet au syndrome érostratique, qui a d'ailleurs généralement déjà envisagé, voire parfaitement planifié, ce qu'il va faire. Dès lors, tenter de lui démontrer que ce qu'il a organisé est vain n'a aucun sens : à part lui, personne ne peut voir l'utilité de ce qu'il va faire.

> – Allez, soyez raisonnable, ce que vous allez faire est stupide.
> – Non, rien à voir avec cela, je sais très bien ce que je fais.
> – Vous allez vous attirer des ennuis, c'est tout ce qui va vous arriver.
> – Vous ne pouvez pas comprendre maintenant, mais vous verrez plus tard, ce sera évident.

## Le provoquer

On peut être parfois tenté de provoquer l'érostratique pour l'amener à se positionner face à l'absurdité de son comportement. Cette attitude est particulièrement risquée, car elle ne ferait que renforcer son sentiment d'infériorité : on ne le prend pas au sérieux, tout le monde est persuadé qu'il n'est pas capable d'aller jusqu'au bout, c'est un éternel perdant.

> – Alors, tu vas faire quoi, maintenant ? Mettre le feu à l'immeuble ?
> – Tu ne sais pas de quoi je suis capable !
> – Tu es un loser, tu n'as jamais rien fait dans ta vie, tu ne vas pas commencer maintenant.
> – Tu vas voir !

Il n'est pas rare qu'un érostratique tente de se suicider une fois qu'il a commis son acte, pour que son nom reste associé à l'acte lui-même, et non à l'après-passage à l'acte, qui devrait l'amener à se justifier ou à assumer ses responsabilités.

# 6. L'EXTRÉMISTE

Échange entre deux collaborateurs, gréviste et non gréviste, dans le cadre d'une occupation d'usine.

– Alors, vous bloquez encore aujourd'hui ? Vous n'avez pas compris que vous alliez nous faire perdre nos boulots à tous ?

– On bloque jusqu'à ce qu'on obtienne ce qu'on demande !

– Mais vous demandez des choses impossibles !

– On veut 10 % d'augmentation de salaire pour tous les ouvriers, et on ne reviendra pas là-dessus, jamais !

– On veut tous être augmentés. Mais l'usine ne va pas bien, la société ne va pas bien, il n'y a plus d'argent dans les caisses, et tu le sais comme moi.

– On s'en fout ! C'est des patrons, et comme tous les patrons, ils nous racontent des conneries. Ils vont le trouver, l'argent, qu'ils se débrouillent, nous, on ne lâche rien.

– Tu ne crois pas que s'il y avait de l'argent, ils auraient réinvesti ?

– Ils gardent tout pour eux, comme toujours ! On va aller jusqu'au bout, et s'il faut tout brûler, on est prêts.

– Vous voulez brûler quoi ?!

– Tout ! Le site, les camions, les marchandises, on ne laissera rien.

– Vous êtes complètement fous !

– Non, on est déterminés. On fait ça pour toi, pour les autres, pour que vous ayez le salaire que vous méritez. Rejoins-nous au lieu de raconter n'importe quoi, tu t'es fait retourner la tête par les patrons.

# Définition

L'extrémiste qualifie un individu qui prône ou qui défend une attitude ou une doctrine donnée, qui rejette systématiquement toute alternative à cette attitude ou à cette doctrine, et qui est prêt à toutes les actions, même violentes, pour la promouvoir.

La notion d'extrémisme a été maintes fois commentée et a fait l'objet de multiples explications, notamment ces dernières années pour qualifier les comportements terroristes de certains groupes d'obédience islamiste. Mais l'extrémisme peut être bien plus proche de nous, plus quotidien, parfois dans nos relations personnelles et professionnelles.

Pour qualifier un extrémiste, il faut la présence de deux paramètres :

- l'expression d'une doctrine n'ouvrant aucune alternative au dogme qui la sous-tend. Elle peut être politique, religieuse, sociale, et est généralement très bien organisée et parfaitement argumentée ;
- l'expression, la préparation ou la mise en œuvre de moyens déloyaux, illégaux ou violents pour imposer cette doctrine aux autres.

L'individu extrémiste est persuadé de détenir « la » vérité, qui plus est une vérité évidente pour lui. Il ne comprend donc pas pourquoi les autres ne voient pas comme lui que cette vérité est absolue et inéluctable. Tout contradicteur sera considéré comme un ennemi, qu'il est préférable de « détruire » (psychologiquement ou physiquement) que de convaincre.

Quand l'extrémiste a fait sienne la doctrine qu'il promeut, elle devient le fondement de ses actions et de sa motivation. Pour préserver son équilibre intérieur, il va systématiquement réinterpréter les faits et trouver une justification à tous les comportements qui vont dans le sens de l'idée qu'il défend. Toute information ou analyse contraire est forcément fausse, grossière, et généralement le fruit des opposants à cette idée : les extrémistes sont souvent des adeptes des théories du complot.

Quand un individu bascule dans une logique extrémiste, on dit qu'il se « radicalise ». Il doit prouver, consciemment ou inconsciemment, son allégeance à sa nouvelle doctrine : c'est à ce moment que les risques de passage à l'acte sont les plus importants, car le discernement de l'extrémiste nouvellement « converti » est considérablement altéré par le fait qu'il pense avoir enfin trouvé une vérité universelle et absolue, répondant de manière évidente à toutes les questions existentielles qu'il se pose.

# À privilégier

## Le laisser parler

L'individu extrémiste dispose d'un discours le plus souvent organisé, préparé, et parfois même appris par cœur. Il exprime une argumentation claire, simple, parfois simpliste, mais dont il est convaincu. Sa doctrine étant généralement incohérente pour ceux qui ne la partagent pas, l'extrémiste va trouver son énergie dans le débat, la confrontation et l'opposition.

Face à sa logorrhée, il faut donc le laisser s'exprimer : si vous tentez de l'arrêter, de le contredire ou de le convaincre, il va justifier son besoin de s'exprimer encore plus fort par votre tentative de le « bâillonner ». C'est parfois le fait de se sentir incapables de s'exprimer verbalement qui amène des extrémistes à passer à l'acte physique.

> - Cela fait trop longtemps que nous sommes mis au ban de la société, cette fois-ci vous allez nous écouter.
>
> - Je vous écoute, vous avez le droit de vous exprimer.
>
> - Et n'essayez pas de m'embrouiller avec vos arguments.
>
> - Je suis à l'écoute, dites-moi.

L'écoute active, comme souvent, est un outil adapté face à un extrémiste. Par une écoute non directive, on lui permet de s'exprimer, même si ce qu'il exprime est difficile à entendre ou à accepter. La technique du questionnement est importante, car elle va permettre d'identifier les fondements de l'idée qui sous-tend les actions de l'extrémiste et de mettre en lumière les incohérences ou les incongruités exprimées.

## Poser des limites au comportement adopté

Si on le laisse exprimer sa doctrine sur le fond, il ne faut pas tout accepter sur la forme. Face à des attitudes que vous considérez comme inacceptables, posez des limites claires.

> – Si nous n'avons pas ce que nous demandons, nous allons tout casser !
>
> – J'ai bien entendu ce que vous demandez, je l'ai pris en compte, mais je ne peux pas vous laisser dire que vous allez tout casser.
>
> – Nous sommes prêts à aller jusqu'au bout, ne l'oubliez pas !
>
> – J'ai bien compris que ce que vous demandez est important pour vous, mais la façon dont vous le demandez ne me convient pas.
>
> – Vous voulez qu'on vous montre de quoi on est capables, c'est ça ?!
>
> – Je suis prêt à vous entendre et à discuter avec vous, mais je ne peux pas discuter sous la menace que vous êtes en train de faire. Si vous voulez vous exprimer, vous devez comprendre que je ne peux pas accepter vos menaces.

En posant des limites au comportement, vous ne jugez pas l'idée exprimée, mais la façon dont elle est exprimée.

## Pointer les incohérences

Dans sa logorrhée, l'extrémiste va exprimer des faits qui sont véritables, vérifiables, mais aussi affirmer des choses dont vous savez qu'elles sont fausses ou qu'elles sont incohérentes. N'hésitez pas à les pointer du doigt sans pour autant porter un jugement.

> – Tu me dis que l'idée que tu défends est partagée par la majorité de la population, c'est ça ?
>
> – Absolument, je sais que la plupart des habitants du pays pensent comme moi, ils savent que nous sommes là pour exprimer les idées du peuple, et qu'il faudrait tout renverser.
>
> – Mais alors pourquoi ne pas soumettre la position de ton groupe aux élections populaires ?

> - Nous ne croyons pas aux élections, c'est un système corrompu, on fait dire ce que l'on veut aux gens qui votent.
> - Mais en votant, ils expriment leurs idées, non ?

Vous ne pourrez pas convaincre un extrémiste dans l'expression de son discours, mais vous pourrez lui montrer que certains des points qu'il évoque ne sont pas cohérents, et que vous n'êtes pas complètement dupe de ce qu'il affirme.

# À éviter

## Essayer de convaincre

Les extrémistes sont préparés à la confrontation, c'est un des moteurs de leur motivation. Ils sont dans l'attente d'une opposition, et généralement très bien préparés en termes d'argumentation et de rhétorique.

Il est inutile d'essayer de les convaincre du contraire de ce qu'ils affirment, vous allez renforcer l'idée qu'ils ont forcément raison et que vous avez tort, car les faits que vous évoquez sont faux ou mal compris.

> - Docteur, je refuse le traitement que vous me proposez, c'est inacceptable et ma religion me l'interdit.
> - Mais vous savez que c'est le seul traitement possible, sinon vous allez mourir.
> - C'est vous qui le dites. Je connais des gens comme moi qui ont été guéris sans subir votre traitement.
> - Je vais vous expliquer pourquoi ce traitement est la seule option que nous avons.
> - Inutile, vous êtes au service de l'industrie pharmaceutique, vous savez comme moi que ce que vous me dites est faux.
> - Mais laissez-moi au moins vous expliquer !
> - Vous mentez, comme tous les autres médecins à la solde des labos.

Face à une idée qui nous semble absurde ou irréaliste, nous avons la tentation de vouloir ramener l'autre dans la vérité. Or, la vérité est relative et dépend du cadre de référence de celui qui l'exprime.

## Le faire culpabiliser

Comme ce qu'il fait est forcément juste pour sa cause, l'extrémiste est insensible à la culpabilisation. Il va toujours trouver des justifications à tous ses actes, ne manifester aucun remords, et même vous reprocher de juger son comportement. Il est fréquent qu'un extrémiste s'appuie sur des citations politiques ou religieuses, souvent sorties de leur contexte, pour justifier ses actes.

> – Vous vous rendez compte de ce que vous avez fait, du mal que vous avez généré ?
> – C'est le prix à payer.
> – Mais comment pouvez-vous dire ça ?!
> – L'arbre de la liberté doit parfois être abreuvé par le sang des innocents.
> – Vous êtes un monstre.
> – Non, je suis un libérateur...

L'extrémiste ne peut être compris que par les siens, ceux qui partagent ses idées. Le jugement des autres ne le touche pas, et justifie au contraire sa radicalisation.

## Se laisser prendre à témoin

Les extrémistes considèrent comme acquis que leurs idées sont justes, réalistes et universelles. Ils vont donc généraliser cette acceptation, et tenter de vous prendre à témoin pour justifier leurs propos ou leurs faits.

> – Vous êtes d'accord avec moi que la situation est inacceptable pour nous ?
> – Oui, certainement.
> – Et nous savons vous et moi que personne ne pourrait accepter plus longtemps ce qu'on nous impose ?
> – C'est possible...
> – Donc, vous comprenez que nous soyons obligés d'en venir à des méthodes plus « musclées » pour nous exprimer ?
> – ...

En vous laissant englober dans la doctrine, et en considérant ses généralisations comme acceptables, vous justifiez tous les actes qui pourraient être mis en œuvre pour l'accomplissement de l'idée sous-tendue.

# 7. LE PSYCHOTIQUE

Entretien annuel d'évaluation entre M. Paul, DRH de la société, et M. Jean, collaborateur régulièrement absent.

- Bonjour monsieur Jean, j'espère que vous allez bien depuis la dernière fois que nous nous sommes vus.

- Ça peut aller. Les médicaments m'ont fait du bien.

- Oui, j'ai l'impression que cela va mieux.

- Mais les voix...

- Les voix ?

- Elles reviennent parfois, c'est compliqué.

- Quelqu'un vous parle ?

- Non, pas quelqu'un, mais les voix...

- Je ne comprends pas. Qui vous parle ?

- Les voix ! Vous les entendez, vous aussi ?

- ...

- C'est les produits qu'on me donne, les médicaments, c'est pour ça que les gens ont peur de moi. Mais depuis que je les ai arrêtés, ça va mieux. Mais les voix...

- Vous voulez que j'appelle un médecin ?

- Je ne suis pas malade ! Arrêtez de me dire des choses, c'est trop compliqué. Et éloignez-vous, laissez-moi tranquille.

- Mais je n'ai pas bougé.

- Et lâchez l'objet que vous avez dans la main !

- Je n'ai rien dans la main, regardez...

- Mais si, je le vois bien. Les voix me l'ont dit...

Après que M. Paul a demandé de l'aide, M. Jean a été hospitalisé en urgence en institution psychiatrique.

# Définition

La psychose est un trouble important de la perception de la réalité. Le sujet psychotique se caractérise par une perte de contact avec tout ou partie de la réalité, entraînant une désorganisation importante de sa vie personnelle, sociale, professionnelle, une réelle souffrance intérieure et un très fort sentiment d'insécurité.

Il existe plusieurs formes de troubles psychotiques, les deux plus fréquents étant :

- la schizophrénie, qui associe des pensées délirantes, des hallucinations visuelles et/ou auditives, et qui exacerbe fortement les émotions ressenties ;
- la paranoïa, associant le plus souvent un délire de persécution, de jalousie ou d'érotomanie, et des interprétations orientées de la réalité.

Quand il n'est pas en crise, le psychotique peut manifester des troubles mineurs de perception de la réalité, une relative froideur émotionnelle et un comportement que l'on peut qualifier de « bizarre ». En crise, le psychotique ne distingue plus la réalité de ce qu'il croit être la réalité : ses pensées délirantes l'envahissent, son sentiment de peur est exacerbé et ses réactions peuvent parfois être violentes s'il se sent en danger.

Les troubles psychotiques touchent presque 2 % de la population mondiale. Ils peuvent affecter les adolescents ou les adultes, jeunes ou vieux, quels que soient leur sexe, leur milieu social ou leurs conditions de vie.

Les psychotiques souffrent d'un véritable handicap social : leurs troubles délirants et les désorganisations multiples qu'ils subissent les empêchent de trouver leur place dans la société.

# À privilégier

## Respecter la « bulle » du psychotique

Du fait de son sentiment d'insécurité, le psychotique a besoin que l'on préserve sa « bulle » physique et psychologique.

Il convient de ne pas s'approcher trop près d'un sujet psychotique, de préserver une distance qu'il estime acceptable et de détecter les signes d'agacement ou d'inquiétude quand on entre dans ce qu'il considère être sa zone de sécurité. Il faut également éviter les gestes brusques ou les mouvements inattendus, et ne pas « l'enfermer » physiquement : les portes doivent rester ouvertes, et il convient de ne pas se positionner entre le psychotique et les issues de la pièce dans laquelle il se trouve.

Sa « bulle » psychologique est également importante : il faut respecter ses idées délirantes, en laissant le psychotique les verbaliser, mais sans entrer dans son jeu ni accréditer ses hallucinations. Il faut « ouvrir la porte du délire, regarder à l'intérieur, mais ne surtout pas entrer dans la pièce ».

> – Comment allez-vous, ce matin ? Bien dormi ?
> – Non, j'ai toujours ce sentiment de présences, ça m'empêche de dormir.
> – Vous avez le sentiment qu'il y a des gens dans la pièce ?
> – Oui, ils sont encore là, et ils essayent de me toucher.
> – Ils vous touchent ?
> – Non, mais ils essayent, mais comme je les surprends, ils s'arrêtent.
> – Vous arrivez à les dissuader de vous toucher, alors ?
> – Oui, je crois qu'ils n'osent pas.
> – Ce sont des présences que vous avez déjà ressenties ?
> – Oui, presque toutes les nuits.
> – Ils reviennent souvent, alors ?

L'écoute active, et notamment la paraphrase et la reformulation, est un excellent outil de maintien de la relation sans pour autant brusquer le psychotique ni porter un jugement sur ses troubles délirants.

## Se montrer fiable et sécurisant

Les troubles psychotiques se caractérisant par des angoisses puissantes, le psychotique a besoin de se sentir en sécurité et de pouvoir réduire les sources de ses craintes. Ce sont généralement ses bouffées d'angoisse qui le poussent à des accès menaçants, agressifs et parfois malheureusement criminels.

> – Tu n'as pas l'air bien.
>
> – …
>
> – Quelque chose t'inquiète ?
>
> – Oui.
>
> – Tu veux m'en parler ?
>
> – Je ne sais pas.
>
> – Tu es angoissé ?
>
> – Oui, ils sont revenus m'espionner.
>
> – Des gens t'espionnent ?
>
> – Oui, tu le sais, les voisins, et tous les autres.
>
> – Et tu es angoissé parce que des gens t'espionnent.
>
> – …
>
> – Tu sais que je suis là, moi. Je suis à côté de toi.
>
> – Oui, je sais.
>
> – Cela te rassure ?
>
> – Oui.

Deux tactiques permettent de réduire son sentiment d'insécurité : l'anticipation et la verbalisation. L'anticipation consiste à déterminer les situations qui génèrent les comportements agressifs ou inadaptés de la part du psychotique : cela peut être la présence de plusieurs personnes dans son environnement immédiat, le fait qu'on lui pose trop de questions, que l'on aborde des sujets trop complexes…

La verbalisation s'attache à poser des questions directes sur les sources d'angoisse du psychotique, pour lui montrer que l'on a bien perçu son trouble et pour l'autoriser à mettre des mots sur ses perceptions ou ses craintes.

## Simplifier les choses

Le psychotique a besoin qu'on lui simplifie les choses : ses interprétations délirantes sont déjà assez compliquées pour ne pas avoir à en rajouter. Il convient de faire des phrases courtes, claires, précises, avec des questions simples générant des réponses courtes. Il faut également éviter d'aborder des sujets sur lesquels le psychotique va se sentir perdu, ou qui pourraient générer des reproches ou des oppositions de la part de son entourage.

– Nous allons parler de notre prochaine rencontre, vous voulez bien ?

– D'accord.

– On se voit parce que je vais vous aider à soigner votre angoisse.

– Je sais.

– Vous êtes d'accord ?

– Je crois…

– J'ai besoin de vous.

– Oui.

– Il faut m'aider à vous aider, d'accord ?

– D'accord, je vais essayer.

Là encore, la pratique de l'écoute active est un facteur de stabilisation et de maintien d'une relation constructive avec un individu psychotique. Évitez de l'accabler de suggestions multiples, de propositions trop élaborées, car il va se sentir noyé, au sens premier du terme, et réagir pour « sauver sa vie ».

# À éviter

## Céder à la colère ou à l'impatience

Être en relation avec un psychotique peut rapidement s'avérer agaçant, surtout quand on connaît mal les arcanes de cette maladie mentale : des perceptions hallucinatoires, des réinterprétations constantes, des troubles de la mémoire et du comportement, des gestes agressifs, autant de phénomènes qui peuvent pousser à bout même les plus aguerris.

Il faut en toute circonstance proscrire les marques de colère ou d'impatience, qui entraîneraient inévitablement des réactions négatives du psychotique : on peut être ferme avec lui sans pour autant céder à l'exaspération.

– J'en ai assez de vous, vous êtes toujours à m'épier, vous en voulez à mes secrets, je le sais !

– C'est cela qui t'angoisse ?

– Si ça continue, je vais tous vous éliminer !

– Tu as le droit d'être angoissé, mais tu ne peux pas nous menacer.

> – Je sais ce que vous avez en tête !
>
> – Je veux bien parler avec toi, mais pas si tu te montres agressif.
>
> – Alors, arrêtez de regarder tout ce que je fais et de fouiller dans mes affaires !
>
> – Si tu continues à parler comme cela, je m'en vais et je te laisse tout seul.

Le caractère répétitif des échanges et l'impression que les discussions sont sans fin exacerbent les tensions et peuvent générer pour vous de la frustration, du découragement, voire de l'agressivité. Restez « professionnel », pensez que l'individu psychotique souffre également de son état, et maintenez une écoute non directive. Si les tensions vous semblent trop fortes, faites un break, quittez la pièce, et allez prendre l'air pour retrouver un peu de calme.

## Donner du crédit et céder à ses demandes délirantes

Le psychotique, dans ses phases délirantes, peut avoir des demandes ou des exigences farfelues. Céder à ses sollicitations, ce serait accréditer le délire et en renforcer la prégnance.

> – Tout le monde m'en veut, et les voisins essayent de savoir ce qui se passe chez moi pour ensuite aller raconter n'importe quoi.
>
> – Il faudrait te barricader alors...
>
> – Oui, on va tout fermer pour qu'ils ne me voient plus.
>
> – Je vais fermer les rideaux et la porte du salon.
>
> – Les micros, aussi, il faut les couper, ils en ont mis dans la télé. Tu vois le point rouge allumé ? C'est un de leurs systèmes d'écoute.
>
> – Tu veux que je débranche la télé ?
>
> – Oui, on débranche tous les appareils électriques, on coupe leurs micros.
>
> – Je vais m'en occuper.

Céder est une solution de facilité à court terme, mais destructrice dans la durée. En donnant du corps aux interprétations, en entrant dans le jeu du psychotique, on accrédite son délire et on lui donne raison d'être angoissé. Même si cela l'apaise pour quelques minutes, un tel comportement va le pousser à toujours en vouloir plus, car les demandes auxquelles vous avez cédé ne vont évidemment pas mettre fin à ses troubles de la perception de la réalité. Quand il n'y aura plus rien à céder, l'angoisse sera d'autant plus forte que le psychotique ne verra plus de solutions nouvelles.

## Tenter de le ramener à la raison

Le psychotique vit dans une réalité qui n'appartient qu'à lui : ses perceptions ne sont pas les vôtres, il peut avoir des hallucinations auditives ou visuelles, réinterpréter tout ce qu'il vit. En aucun cas il ne faut tenter de le raisonner : acceptez que son expérience soit réelle pour lui, et qu'il ne puisse pas l'arrêter ou l'influencer à court terme.

> – Je vois les murs qui bougent autour de moi.
> – Allez, arrête de dire n'importe quoi, les murs ne bougent pas et tu le sais.
> – Je les vois, regarde, ça bouge.
> – Tu dis n'importe quoi, c'est stupide.
> – Je te dis que tout bouge !
> – Ça suffit, tu dis n'importe quoi !

Les marques d'incompréhension, les moqueries, les tentatives de raisonnement vont accroître le sentiment d'insécurité du psychotique et le pousser soit à s'enfermer dans un mutisme stérile, soit à réagir de manière excessive ou agressive.

## Comment reconnaître un véritable pervers narcissique ?

La surmédiatisation récente des pervers narcissiques, au travers d'une abondante littérature et de témoignages toujours plus alarmants, contribue non seulement à créer un climat anxiogène, mais également à coller une mauvaise étiquette sur des profils toxiques. De nombreuses personnes nous sollicitent pour nous signifier qu'elles *viennent de réaliser* qu'elles vivent avec un « vrai pervers narcissique », que leur patron est un « véritable pervers narcissique » ou qu'une figure d'autorité est « devenue un pervers narcissique ». À croire que plus on écrit sur le sujet, plus les pervers narcissiques se révèlent...

Avant toute chose, un pervers narcissique est un individu qui puise son plaisir dans la dévalorisation de l'autre pour se (re)valoriser lui-même. L'emprise psychologique sur sa victime est telle que celle-ci est directement atteinte dans son intégrité narcissique : sa confiance est ébranlée et son estime de soi s'effrite jour après jour. Un lien puissant de dépendance se tisse alors entre le pervers narcissique et sa victime. Anéantie, la victime a tendance à se soumettre à son manipulateur, persuadée qu'elle est responsable du *comportement chaud-froid* du pervers narcissique.

Au final, un pervers narcissique porte en lui le profil du pervers et le profil du narcissique. Les conseils pour gérer le pervers et le narcissique s'appliquent totalement au pervers narcissique.

Voici 12 questions que vous pourrez vous poser si vous pensez être confronté à un pervers narcissique :

1. Il suscite chez vous un sentiment de culpabilisation ?
2. Il vous dévalorise fréquemment ?
3. Il se positionne en victime ?
4. Il souffle constamment le chaud et le froid ?
5. Il est obnubilé par son image sociale ?
6. Il vous fait perdre vos repères ?
7. Il fait preuve de froideur émotionnelle ?
8. Il use du mensonge ?
9. Il exige de vous une perfection à toute épreuve ?
10. Il vous fait comprendre que ce n'est pas de sa faute ?
11. Il utilise une tierce personne pour passer certains messages ?
12. Il adapte son comportement en fonction des personnes ?

Si vous répondez « oui » à 10 questions au minimum sans hésitation, alors vous avez affaire à un pervers narcissique.

# Conclusion

À la lecture de cet ouvrage, il est probable que vous vous identifiez parmi ces profils complexes. C'est normal. Et il est également fort probable que vous soyez capable de piocher dans les traits saillants de plusieurs profils pour définir l'individu que vous êtes. C'est également normal. Ce qu'il est important de considérer, c'est la rigidité des comportements et la souffrance qu'ils peuvent engendrer. Et vous verrez tout de suite que vous vous sentirez un peu moins concerné. Et après tout, un peu de paranoïa n'a jamais fait de mal, non ? En étant particulièrement alerte, on se protège un peu mieux du danger. Un peu de narcissisme contribue à prendre soin de soi. Un peu d'agressivité permet de vous faire entendre. Au final, c'est le degré qui varie, et qui importe.

À vrai dire, nous ne sommes pas des adeptes de la catégorisation. Tout simplement parce que l'humain est bien trop complexe pour le mettre dans des cases. Cependant, à l'aune de notre humble expérience, en identifiant rapidement les caractéristiques principales d'un profil complexe, ce qui nous conduit à mieux comprendre son mode de fonctionnement, la gestion de ces profils se révèle moins difficile. Nous ne pourrons jamais présager des comportements de ces individus. Les situations spécifiques appellent des comportements singuliers. Et c'est d'autant plus vrai pour des profils aux attitudes erratiques. Cependant, quand on sait ce qu'il faut privilégier et éviter de faire pour se mettre dans les meilleures prédispositions, on se prépare un peu mieux pour affronter l'incertitude.

# Bibliographie recommandée


**Ouvrages généralistes sur les troubles de la personnalité**

Lelord François et André Christophe, *Comment gérer des personnalités difficiles*, Odile Jacob, 2000.

André Christophe et Muzo, *Je résiste aux personnalités toxiques*, Le Seuil, coll. « Points », 2011.

**Ouvrages techniques sur les troubles de la personnalité**

Debrayet Quentin et Nollet Daniel, *Les Personnalités pathologiques*, Elsevier Masson, 2011 (6$^e$ édition).

*DSM-IV-TR Manuel diagnostique et statistique des troubles mentaux*, American Psychiatric Association, Masson, 2003 (2$^e$ édition).

**Ouvrages sur la relation d'aide**

Mery Marwan, *Manuel de négociation complexe*, Eyrolles, 2013.

Combalbert Laurent, *Négocier en situations complexes*, ESF éditeur, 2012 (2$^e$ édition).

Rogers Carl, *La Relation d'aide et la psychothérapie*, ESF éditeur, 2014 (18$^e$ édition).

McMains Michael J. et Mullins Wayman C., *Crisis Negotiations, Managing Critical Incidents and Hostage Situations in Law Enforcement and Corrections*, Anderson, 2013 (5$^e$ édition).

Erickson Milton H., *Traité pratique de l'hypnose*, Grancher, 2006.

Watzlawick Paul, *Le Langage du changement : éléments de communication thérapeutique*, Le Seuil, coll. « Points », 2014.

## Ouvrages complémentaires

MERY Marwan, *Vous mentez ! Détecter le mensonge et démasquer les menteurs*, Eyrolles, 2014.

COMBALBERT Laurent, *Guide de survie du manager*, Dunod, 2008.

## Ouvrages spécifiques

SALTER Anna, *Predators, Pedophiles, Rapists, And Other Sex Offenders*, Basic Books, 2004.

Trillat Étienne, *Histoire de l'hystérie*, Seghers, 1973.

KERNBERG Otto, *La Personnalité narcissique*, Dunod, 1997.

DEBRAY Quentin, *Le Psychopathe,* PUF, 1984.

SAUTERAUD Alain, *Le Trouble obsessionnel-compulsif – Le manuel du thérapeute*, Odile Jacob, 2005.

Dépôt légal : octobre 2015
Imprimé en Allemagne par BoD